小学语文学习任务群
课例设计丛书

语言文字积累
与 梳理

总主编

吴忠豪 薛法根

主编

曹爱卫

上海教育出版社
SHANGHAI EDUCATIONAL
PUBLISHING HOUSE

编 委 名 单

前　言

这套读物是依据现行统编小学语文教材,按照《义务教育语文课程标准(2022年版)》(以下简称"新课标")提出的六种学习任务群设计的教学课例,旨在帮助教师在与"新课标"配套的语文教材没有出台的背景下,利用现行语文教材先行一步实施语文学习任务群。由于统编教材采用"双线组元"的方式编写,编选的课文及辅助习题聚焦单元"人文主题"和"语文要素",与"新课标"提出的以"学习任务群"呈现语文课程内容,是两种不同的课程理念,有着很大的差异。因此,要将两种不同的课程理念统一到学习任务群的设计上,并且要尽可能使设计的学习情境任务与统编教材提供的教学资源结合得自然、有机,实在是一件要求极高、难度极大的事。对中小学语文教师而言,学习任务群是一个全新的课程与教学理念,当下又缺乏成功的实践案例支持,因此要编好这套学习任务群课例设计丛书,其难度是可想而知的。

为方便一线教师使用,整套丛书按照"新课标"提出的六种学习任务群编写,每个任务群对应一本书,每本包括小学任务群课例15～23篇。最多的《跨学科学习》有23篇设计课例,《整本书阅读》有19篇设计课例,《语言文字积累与梳理》《文学阅读与创意表达》《实用性阅读与交流》均有16篇设计课例,最少的《思辨性阅读与表达》有15篇设计课例。这些课例覆盖低、中、高三个年段,"语言文字积累与梳理"学习任务群从低年段到高年段逐步减少,"文学阅读与创意表达"从低年段到高年段逐渐增加,课例分布比较合理,符合各年段学生的语文学习规律和心理特点。

"新课标"指出:"设计语文学习任务,要围绕特定学习主题,确定具有内在逻辑关联的语文实践活动。语文学习任务群由相互关联的系列学习任务组成,共同指向学生的核心素养发展,具有情境性、实践性、综合性。""以生活为基础,以语文实践活动为主线,以学习主题为引领,以学习任务为载体,整合学习内容、情境、方法和资源等要素,设计语文学习任务群。"这两段话简要阐述了学习任务群设计的依据、条件和主要特点。参与高中语文课程标准制定的王宁教授认为"学习任务群不是单篇文章的简单相加",她强调"真实学习情境"和"融合阅读、表达、探究的学生实践活动"是评价学习任务群设计是否成功的两个主要标志。"新课标"修订组编写的《义务教育语文课程标准(2022年版)解读》中列举的六种学习任务群20多个课例,基本是按大单元教学资源进行整体设计的,比较充分地诠释了学习任务群"情境性、实践性、综合性"的特点。这些课例是学习任务群设计的范例,有一定的权威性。

六本书中提供的课例大多依托统编教材中的单元进行整体设计。然而要将统编教材中各单元提供的教学资源转换成与"新课标"相匹配的学习任务群,并且设计出以学生学习为主线展开的语文实践活动,着实不容易。特别是"语言文字积累与梳理""整本书阅读""跨学科学习"等学习任务群的设计,很难从现行教材中寻找到合适的单元资源。为此,丛书中的课例很难做到全部依据现行教材中的单元进行设计,有些课例采用的是灵活变通的设计思路,主要有以下几种:

1. 依据单篇课文设计学习任务群。比如,《跨学科学习》六年级上册第七单元"京剧专题分享会",是依据《京剧趣谈》这篇课文设计的。核心任务是举行班级"京剧专题分享会",设计了三个子任务:一是入戏,学习《京剧趣谈》,观看京剧演出,了解京剧剧种;二是知戏,查阅资料,探究与京剧有关的一个(或几个)方面的知识,用小报、研究报告、记录等多种方式梳理自己的研究成果;三是开展"京剧大讲堂"。依据单篇课文设计学习任务群,其实是当下语文教师实施学习任务群最为流行的做法。

2. 选择单元部分课文设计学习任务群。一年级上册"我是小小采购员",选择该单元《大小多少》《小书包》两篇课文设计学习任务群。这个识字单元还有《画》《日月明》《升国旗》三篇课文。因为识字教材编写考虑的是学生识字的规律,基本不按内容主题编写课文,因此很难整合出涵盖全部课文的学习主题及情境任务。因此编者选择其中两篇课文,设计出"当小小采购员"这样一个贴近学生生活的学习任务。经过这样的变通处理,学习任务群的设计就变得相对容易。

3. 整合不同单元相同类型的课文设计学习任务群。《文学阅读与创意表达》针对五年级下册编排了一个特殊的文言文学习任务群。这个课例将统编教材三至六年级的 14 篇文言课文进行梳理分类,统整成不同主题设计学习任务群。该学习任务群围绕"洞察古代儿童的智慧"这个主题,将三年级上册《司马光》、四年级上册《王戎不取道旁李》、五年级下册《杨氏之子》和六年级下册《两小儿辩日》四篇文言文,以及四年级上册第八单元《口语交际:讲历史人物故事》等内容,统整为一个文言文学习任务群,编排在五年级第二学期。这样设计学习任务群,拓展了文言文学习资源,提高了文言文学习的有效性。其实这种学习任务群设计思路还可以运用到古诗、寓言、童话、小说等按文章体裁分类的学习任务群设计之中,可以有效提高学生的学习效率。

4. 精选教材部分习题设计学习任务群。《整本书阅读》大多结合教材中的"快乐读书吧"栏目设计学习任务群,与单元教材资源若即若离。《跨学科学习》二年级的"建立班级迷你图书馆"也是借用二年级下册第五单元《口语交际:图书借阅公约》,将其放大设计成一个跨学科学习任务群。围绕建立班级图书馆这个任务,引导学生实地参观图书馆,了解书籍摆放的秘密;给班级图书馆中的图书分类、编号;再制订班级图书借阅公约,让学生享受班级阅读时光。学习任务群紧密结合儿童生活创设情境,能有效激发学生的学习兴趣。

5. 结合生活情景设计学习任务群。依据课程标准提出的课程内容另行设计学习任务群,其实是学习任务群设计的最佳做法。比如,《跨学科学习》中的六年级学习活动:大地在心——我是低碳环保行动者。教师依据"新课标"中"跨学科学习"学习任务群建议的内容,自行寻找学习资源,组织学生综合运用语文、道德与法治、科学、数学、劳动、美术等多学科的知识和技能,开展跨学科学习活动。当然,撇开教材,教师另行设计学习任务群,意味着教师要自己选择组合学习资源,对教师的要求更高,难度更大。

以上列举的几种不完全拘泥于单元教材资源设计学习任务群的思路,或许不是"新课标"提倡的学习任务群设计的最佳方法,但却是当下语文教师实施"新课标"教学理念的新尝试。仔细分析这些课例,每个学习任务群都有具体的学习情境和学习任务,并且都是以学生实践活动为主线展开教学,体现出语文学习任务群的基本特点。特别是突破了单元教材资源的束缚,可以极大拓展教师设计学习任务群的思路,降低设计的难度。可以这样认为,在与"新课标"配套的教材正式出版之前,这样变通设计学习任务群,不失为一种简便可行的方式。

统编教材确定的人文主题和语文要素,为学习任务群设计提供了丰富的学习资源,但是依托单元学习资源设计的学习任务群,具体可以归属于六种学习任务群的哪一种,还须根据创设的情境任务和学习目标确定。由于课例设计者对每个单元的人文主题以及学习资源理解和设计的角度不同,同一单元有时可以设计出两种甚至两种以上的学习任务群,而且基本符合各种不同学习任务群的价值目标。

比如,统编教材五年级上册第三单元"民间故事"选编了《猎人海力布》《牛郎织女》两篇中国民间故事,"快乐读书吧"中还选入了《田螺姑娘》的片段,推荐了《梁山伯与祝英台》《八仙过海》及国外的民间故事。将这个单元设计成"文学阅读与创意表达"学习任务群毫无疑义,然而依据民间故事设计的学习任务群同时还出现在《思辨性阅读与表达》和《跨学科学习》两本书中。当然所设计的学习情境任务、学习目标和具体学习活动,在三个学习任务群中各不相同。

在《文学阅读与创意表达》一书中,设计的核心任务是"举行一次民间故事展演",具体的学习活动是"民间故事我来读""民间故事我来讲""民间故事我来写""民间故事我来演"。在《思辨性阅读与表达》一书中,侧重于阅读民间故事,感受其中的智慧,设计的学习任务是"探索故事里的善恶因果,再结合时代背景,借助民间故事结构创编民间故事"。在《跨学科学习》一书中,设计的核心任务是"学生自主选择自己喜欢的民间故事,采用团队合作形式,自主选择表达方式,例如皮影戏、戏剧、电影等多种形式,为周边社区幼儿进行展演,传播优秀传统文化"。

依托同一个单元的教材资源设计的三种学习任务群,其学习活动不可避免会产生交叉重合。比如,都有阅读教材中的民间故事,配合学习任务开展整本书阅读等。但三者学习目标和开展学习活动的侧重点有明显的区别。《文学阅读与创意表达》侧重于民间故事的阅读和展演;《思辨性阅读与表达》侧重于学习思维方法,提高逻辑思维能力;《跨学科学习》则以民间故事为载体,通过社区讲演传播中华优秀传统文化,侧重于不同学科的技能的综合运用。

依托同一个单元教材资源同时设计出两种学习任务群的至少还有以下这些单元——

二年级下册第五单元,借助《口语交际:图书借阅公约》这一内容设计学习任务,《思辨性阅读与表达》中的主题是"遇到问题怎么办",《跨学科学习》中的主题是"建立班级迷你图书馆"。

三年级下册第二单元(寓言单元),《文学阅读与创意表达》中的主题是"掀起'寓言'的盖头来",通过阅读和讲述寓言,重在把握寓言的文体知识,分享阅读与讲述寓言故事的快乐;《思辨性阅读与表达》中的主题是"小故事大道理",侧重从故事中读出道理,并编写、讲述寓言故事。

五年级下册第七单元,《实用性阅读与交流》中的主题是"感受异域风情,爱我大美中华",搜集整理中国的世界文化遗产资料,编写世界风光手册并举办主题展览;《跨学科学习》中的主题是"我为中国的世界文化遗产"代言,要求学生自主选择自己喜欢的世界文化遗产,采用团队合作形式,自主选择表达方式,通过书面、口头等多种形式为世界文化遗产代言。

六年级上册第八单元,《思辨性阅读与表达》中的主题是"遇见鲁迅",全方位介绍我们眼中的鲁迅先生;《跨学科学习》中的主题是举办"鲁迅印象展",并用演讲、戏剧等多种表达方式,向同学介绍自己的展品;等等。

如果能一组一组认真阅读并深入比较这些案例设计的异同,那么对不同种类学习任务群的学习目标、情境任务以及学习活动的设计,一定会获得诸多启示。

这套丛书由全国知名的名师领衔担任各分册主编。他们发动工作室骨干成员,经过近半年的不懈努力,克服种种困难,终于按时完成了这项艰巨的编写工作。其实丛书作者对学习任务群的学习研究与广大一线语文教师基本处于同一起跑线,只不过这些作者对"新课标"精神的学习研究更加深入,对学习任务群的探索投入的精力更多。当下语文学界对学习任务群的研究探索尚处于初级阶段,在理论与实践方面有诸多问题亟须研究,有些甚至还存在不少争议。在大部分教师的语文课堂教学实践中,学习任务群其实尚未真正实施。因此这几位名师和工作室团队成员能够按照六种学习任务群的不同特点和内容编写出这么多的课例,真是了不起。

参与这套丛书编写的大多是享誉全国的名师以及工作室骨干教师,丛书中的每个案例都经过名师团队集体打磨、反复修改,有些甚至改了五六稿,然而学习任务群毕竟是语文课程改革中的全新事物,我们走的是一条前人没有走过的路,因此需要有一段相当长的时间去探索研究,最好还能有一个教学实践验证的过程。因此丛书中设计的案例不可避免地存在这样那样的问题,无论是学习情境创设、学习任务设计,还是阶段目标、活动内容、学习方法以及评价工具的设计与制作等,都需要在教学实践中检验。广大教师在阅读或使用这些案例时须根据班级学生的实际情况进行必要的修改调整,不能照抄照搬,更不能照本宣科。

最后我想说明的是,学习任务群是体现语文课程实践性特点的有效教学样态,但可能不是唯一。我很赞同温儒敏教授的观点,语文课“并不意味着全部教学一刀切,都要采取任务驱动方法”。学生语文核心素养的培养应该是一个系统工程,应该有多元的教学样态。语文教师在贯彻“新课标”精神时,一方面要以积极的态度尝试进行学习任务群教学,另一方面需要总结过往语文课程改革的成功经验,包括传统语文教学和国外中小学母语教学的成功经验,尝试探索更多更加有效的体现语文课程实践性特点的教学样态。

对语文学习任务群的探索才刚刚开始,实施的路程很长很艰难。语文课程改革不可能毕其功于一役,还有很长的路要走。

吴忠豪

2023 年 11 月

目　录

第1讲　藏在植物园里的汉字

——统编教材一年级上册"语言文字积累与梳理"
学习任务群设计

（一）主题的确立

《义务教育语文课程标准(2022年版)》在"语言文字积累与梳理"任务群第一学段的学习内容里提出:"尝试发现汉字的一些规律,初步学习分类整理课内外认识的字;在生活中主动识字,发展独立识字能力。"即要求学生能围绕"特点体认"和"分类整理"来养成自主积累语言材料的习惯,学习独立识字,进而形成分类整理的意识。

统编教材一年级上册第五单元为识字单元。本单元《语文园地五》"我的发现"中安排了两组汉字,每组汉字都由相同的偏旁组成,要求学生能发现草字头和木字旁所代表的意思,了解汉字偏旁表义的规律。

一年级学生正处在学习识字阶段,教材中识字、写字的安排,遵循儿童学习语文的规律。要求认的字都是生活中出现频率较高的常用语。本单元是本册教材中第二次出现的识字单元,学生在前期的学习中,已经对汉字偏旁与字义相关有所了解,但教师仍需进一步引导学生关注偏旁,建立形义之间的联系,帮助学生发展独立识字能力,灵活运用分类整理的方法来识记汉字。

此外,小学科学教材一年级上册第一单元的教学内容为《植物》。科学课上,学生对如何观察一棵植物,怎样认识校园里的植物,以及植物与我们日常生活的联系等内容,都有所了解,有一定的植物学习基础。

基于课标、教材特点以及学生学情的分析,引导学生从生活出发,在已有学习经验的基础上，设计"藏在植物园里的汉字"这一学习主题。

（二）内容的归属

《义务教育语文课程标准（2022年版）》中第一学段"语言文字积累与梳理"的学习内容具有四条，主要包括：认识常用字和学习笔画简单的字；尝试发现汉字的一些规律和初步学习分类整理；学习汉语拼音和普通话；诵读、记录课内外的语言材料。其中，识字教学如果能够有效整合学习内容，更有利于学生发现汉字的特点，养成生活中自主积累语言材料的习惯。

一年级上册第五单元是识字单元，要求学生能利用已有的生活经验，借助会意字识字、偏旁归类识字等多种方法识字，进一步了解汉字的文化内涵。这为建构"语言文字积累与梳理"任务群提供了丰富的学习资源。

（三）内容的组织

1. 教学内容：统编教材一年级上册《语文园地五》"我的发现"。

本主题根据学生的年龄特点和前期学习经验，以统编一年级上册《语文园地五》的"我的发现"为主要学习材料，联系第五单元识字课，充分调动学生的生活经验，并通过拓展阅读《奇妙的中国植物》《汉字树：植物园里的汉字之美》《好玩儿的汉字——植物的秘密》等学习材料，丰富学习资源。

2. 学生的已有经验：在前期学习中，学生对"偏旁表义"的特点已有所了解。同时，在阅读过程中已经尝试过生活识字，能认识生活中植物信息科普牌上一些含有木字旁、草字头的生字。

▶ 二、目标与评价

（一）目标

语文学科核心素养中的"语言运用"是指学生在丰富的语言实践中，通过主动积累、梳理和整合，初步形成良好语感。一年级上册的学生刚刚开始学习识字，在识字起始阶段，教师要特别注重对学生识字兴趣的培养，要适时引导学生发现汉字的一些构字规律,指导学生在发现中积累。同时,更要整合资源,联系课堂内外,指导学生结合生活实际进行基础梳理与探究,在不断运用规律和体认特点的过程中,帮助学生发现汉字的一些规律,进而使学生产生主动积累、认识更多汉字的愿望。因此,本任务的学习目标确定为:

1. 能通过多种方式收集、整理与植物有关的汉字,将积累的相关汉字按照一定的规律归类,初步发现与植物有关的汉字的特点。

2. 能通过归类识记等方法,认识与植物有关的生字、新词,丰富自己的积累。

3. 能通过与同伴或家人合作制作"植物名片"等方法,初步感受汉字偏旁表义的构字特点。

4. 能感受汉字独特的魅力和汉字学习的乐趣,养成在生活中识字的习惯和能力,激发识字兴趣,产生主动识字的愿望。

(二) 评价标准

本学习任务的评估根据"教—学—评"一致性的原则,创设真实的评估情境,评估学生学习的成效,并用评估表考查学习任务的达成度。

1. 评价说明。

本学习任务的评价体现"过程性"和"综合性",分两部分进行考察:第一部分重点考查学生在此任务学习过程中的情感、态度、交流能力等;第二部分从学习结果的角度评价学习目标达成情况,重点考查学生学习能力的形成。

2. 评估表。

(1)"藏在植物园里的汉字"学习任务评价表一。

"藏在植物园里的汉字"情感态度形成评价	
等级	等级描述
☆☆☆	有浓厚的主动识字兴趣,能感受到汉字学习的乐趣。对学习任务有明确的认识,学习过程中不需要提醒,学习主动参与性高。
☆☆	有较浓厚的识字兴趣,能感受到汉字学习的乐趣。对学习任务有比较明确的认识,学习过程中偶尔需要提醒,学习主动参与性较高。
☆	对汉字学习的兴趣一般,对学习任务认识一般,学习过程中经常需要提醒,学习主动参与性有待提高。

等级	等级描述
	对汉字学习没有兴趣，对学习任务没有明确的认识，学习过程中不主动，学习不积极。

（2）"藏在植物园里的汉字"学习任务评价表二。

	"藏在植物园里的汉字"能力形成评价
等级	等级描述
☆☆☆	能完全理解草字头、木字旁的意义；初步了解汉字偏旁与字义的关系；能自主将课堂知识用于实践，制作2张以上要素完整的植物名片。
☆☆	能初步理解草字头、木字旁的意义；初步感受汉字偏旁与字义的关系；能与同伴或家长合作，将课堂知识用于实践，制作1—2张要素较完整的植物名片。
☆	能初步理解草字头、木字旁的意义；能在教师或家长的帮助下制作1张简单的植物名片。
	不能理解草字头、木字旁的意义；不能制作简单的植物名片。

➡ 三、情境与任务

（一）情境设计

在很久很久以前，我们的祖先就创造了大量与植物有关的汉字，写下了无数歌颂草木的美丽诗篇。这些汉字都是什么样的？有什么特点呢？让我们开展一次"藏在植物园里的汉字"的识字活动，一起去探寻汉字的构字规律，从大自然的花草树木身上感受汉字的无穷魅力和独特之美。

（二）任务设计

本次语言文字积累和梳理，主题是"藏在植物园里的汉字"，主任务是"给校园里的植物制作植物名片"，从识字、梳理、积累到运用，分三个任务、八个活动来实现。

任务一是"认读植物名称",学生通过前期"苹、杏"等字的学习,已经知晓偏旁与字义有关。该任务旨在引导学生留心观察生活,关注和植物有关的汉字偏旁,通过认读含有草字头、木字旁的常见植物名称,建立汉字形义之间的联系,了解植物名称中常见偏旁的意义。

任务二是"寻找植物汉字",旨在引导学生在生活中进一步发现含有草字头、木字旁的汉字,借助偏旁理解字义。

任务三是"制作并介绍植物卡片",打造"班级植物科普园",从而增强对偏旁表义构字规律的理解,初步形成归类识字的意识。

如下图所示:

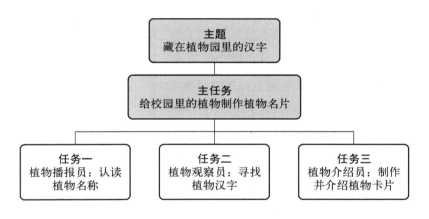

→ 四、活动与建议

(一) 活动设计

任务一　植物播报员:认读植物名称

活动一:读准植物名称

1. 创设情境:走进植物园,做一个植物播报员。

2. 认一认：教师出示《语文园地五》"我的发现"中的生字,以及由"花、草、莲、苹、树、桃"6个生字组成的常见的植物名称。

táo huā　shuì lián　píng guǒ shù　hán xiū cǎo
桃花　睡莲　苹果树　含羞草

（1）借助拼音读准字音。

（2）打乱图片顺序,将文字与图片进行连线。

3. 说一说：生活中哪些地方见到过这些植物? 它们是什么样的? 有什么特点?

活动二：发现名称的秘密

1. 会发现：出示生字,自由读一读,想一想,你有什么发现?

花、草、莲、苹
树、林、桃、桥

2. 说发现：交流两行生字各有什么特点。

根据学习小伙伴的提示,理解偏旁代表的意义,渗透偏旁表义的构字规律。第一行汉字的偏旁都是草字头,草字头的字大多与植物有关。第二行汉字的偏旁都是木字旁,木字旁的字大多与树木有关。

3. 质疑发现："林"和"桥"不是树木,为什么也是木字旁?

结合图片和生活实际,引导学生发现,成片的树木为"林"。古时候没有钢筋水泥,桥是用木材做的。如果学生学有余力,教师可以相机拓展其他字,如：梯、柜、椅等,强化按偏旁归类识字的方法。

4. 拓展交流：教师引导学生说说还知道哪些草字头和木字旁的字,将常见字一一板书呈现,便于学生加深印象。

一类是教材中出现过的汉字,比如学过的草字头的汉字还有"节、芽";再如木字旁,学过的汉字有"棋、校"等,木字旁在上或在下的,还有"杏、桌、森"等字。还有一类是生活中学生自主识记的汉字。

5. 拓展游戏：说说你还知道哪些花草树木的名称。用儿歌问答的形式来呈现,如:

公园里有什么花? 公园里有蔷薇花。

公园里有什么草? 公园里有含羞草。

公园里有什么树? 公园里有香樟树。

任务二 植物观察员：寻找植物汉字

活动一：收集植物介绍牌

1. 找一找：留心观察生活,在植物园、公园、小区等地方寻找与花草树木有关的介绍牌,结合科学课上学习的方法,分小组按不同地点观察,通过拍照等较为便捷的记录方式,将找到的植物以及名称收集起来。

2. 填一填：将收集好的信息,采用剪贴、抄写、绘画等方式,填写到下面的表格中。

植物信息收集表

收集地点	植物名称	植物图片

活动二：交流认读植物名称

1. 读一读：读一读植物信息收集表中的汉字，将认识的生字圈一圈，不认识的字可以请教大人，并给生字注上拼音。

2. 说一说：将收集的植物信息表带回班级，与小组同学交流。

对照表格上的信息，向组内同学介绍自己认识的植物名称，并说一说它们分别长什么样。教师提示：可以从样子、颜色等方面进行介绍。

如：这是我在小区池塘边找到的柳树。柳树的枝条细细的、长长的，就像妈妈的长头发。

活动三：拓展阅读汉字资料

1. 根据提供的学习资源，在老师的引导下，交流探究：草字头和木头旁的字，一般都与植物有关，为什么造字的时候，有的字用草字头，有的用木字旁呢？

观看微课《字理识字——植物篇》。通过观察"草""木"的汉字演化过程理解其含义，体会"木"和"草"的区别。

2. 和大人一起阅读与植物汉字有关的读物，了解汉字背后更多的故事。如《奇妙的中国植物》《汉字树：植物园里的汉字之美》《好玩儿的汉字——植物的秘密》等。

任务三　植物介绍员：制作并介绍植物卡片

活动一：观察校园植物

1. 结合科学课的观察活动,带上记录本和笔等工具,到校园里去观察和认识植物。选定自己感兴趣的植物,把它画下来,了解这棵植物的名字,查找相关的汉字进行记录。

2. 交流：在观察和查找资料过程中,说说有哪些新发现,产生了哪些新问题。

活动二：绘制植物名片

1. 教师指导学生制作植物名片。

2. 学生选择自己喜欢的植物汉字,制作图文并茂的植物名片。示例：

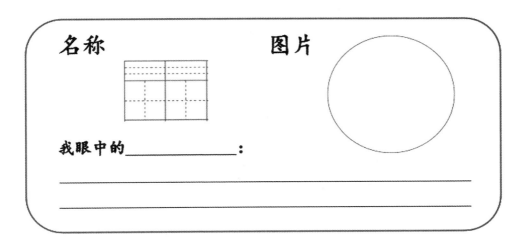

名片主要分为三个部分：一是植物名称,学过的汉字可以直接在田字格里书写,没有学过的汉字可以用剪贴的方式来呈现,并在汉字上方注音;二是植物图片,可以用绘画的方式来呈现,也可以用剪贴图片的方式呈现,甚至还可以用植物标本的方式呈现;三是用一两句话写一写自己对该种植物的观察发现。

学生作业示范：

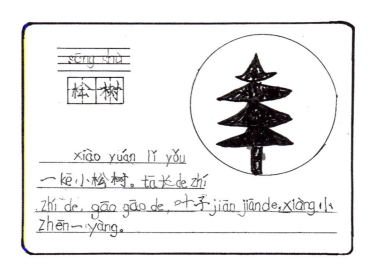

活动三：介绍植物名片

1. 向组员介绍自己的植物名片,组内推选出"优秀植物名片"在全班进行分享。

2. 贴一贴:每位同学在老师提供的长卷纸上,贴上自己的植物名片,拼贴成"某某班植物科普园",并进行展示。

（二）活动建议

1. 教学时间。

本任务建议用 2 课时完成。任务一和任务二共用 1 课时完成,任务三用 1 课时完成。涉及课外收集查找资料或阅读的内容可作为课外实践作业完成。教师要提醒学生准备好学习材料。

2. 完成任务注意事项。

（1）任务一重在引导学生自主观察发现,充分调动学生生活经验,激发学生生活识字的热情和兴趣。

（2）任务二的中的拓展识字,可以结合科学课的观察活动来进行,相关阅读资料的补充,可有选择地使用,根据班级学生实际情况灵活处理。

（3）任务三要有跨学科统整意识,要融合语文学习的其他方面。鼓励学生在生活中运用识字规律自主识字,发展独立识字的能力。

练 习 与 测 评

一、识字小帮手。

晶晶在阅读的时候,遇到几个"拦路虎"(不认识的生字),你能帮她判断一下这些汉字可能的读音或意思,让她能够顺利读懂文章吗?

拦路虎1:

藤蔓

这两个字最有可能跟( )有关。

A. 动物   B. 植物   C. 美食   D. 身体

拦路虎2:

栎

这个字最有可能是( )

A. 一种树名   B. 一种花草名   C. 一种草药名

拦路虎3:

苁

这个字最有可能读( )

A. zóng   B. cōng   C. cǎo

二、图文连一连。

草　　　　　莲　　　　　林　　　　　桥

学 习 资 源

1. 统编教材一年级上册《语文园地五》"我的发现"。

2. 文本阅读：《汉字树：植物里的汉字之美（节选）》《好玩儿的汉字·植物的秘密》。

（编写人：浙江省杭州市安吉路教育集团新天地实验学校　唐　睿）

第2讲　我是小小采购员

——统编教材一年级上册"语言文字积累与梳理"
学习任务群设计

→ 一、主题与内容

（一）主题的确立

《义务教育语文课程标准（2022年版）》将"语言文字积累与梳理"任务群作为基础型学习任务群,本任务群旨在"引导学生在语文实践活动中,积累语言材料和语言经验,形成良好的语感;通过观察、分析、整理,发现汉字的构字、组词特点,掌握语言文字运用规范,感受汉字的文化内涵,奠定语文基础"。在第一学段,要引导学生"认识家庭生活、学校生活、社会生活中的常用字"。

一年级课本的自然单元可以分为"识字单元"和"阅读单元"。鉴于第一学段学生的学习需求,语言文字积累与梳理应当贯穿于其他学习任务群的实施过程中,落实在每一节课的学习中,但相对来说,识字单元的编排更有利于系统地开展"语言文字积累与梳理"任务群学习。

一年级上册第五单元为识字单元,在这个单元中,学生以"分类识字"等方式认识汉字。为了帮助孩子将学到的识字方法运用于日常生活中,感受汉字与生活的关联,增强识字的意义感和成就感,我们以一年级上册第五单元的识字方法为基础,延伸设计了"语言文字积累与梳理"任务群,主题为"我是小小采购员"。学生在学习《大小多少》和《小书包》两篇课文的过程中,识记、学写生字,了解量词搭配和词语分类的规律,并运用学过的汉字和识字方法,完成一次超市采购。通过这个有趣的语文实践活动,引导学生迁移运用识字方法,在生活中主动识记、梳理汉字。

（二）内容的归属

根据课标要求,在第一学段要引导学生"认识家庭生活、学校生活、社会生活中的常用字"。这个学习内容旨在引导学生在生活情境中,运用学过的识字方法积累语言文字材料。实际上,在生活中识字不但是儿童交际的真实需要,也是儿童熟悉和擅长的学习方式。

一年级上册第五单元编排了四篇识字课文。其中,《大小多少》一课的学习内容为积累带量词的短语,《小书包》一课的学习内容为认识一系列学习用品的名称,渗透分类识字的意识。这两课的学习内容都与学生的生活密切相关,倘若学生能够将两课中零散的内容与生活中积累的语言文字材料进行整合,从而梳理语言文字运用的规律,如,量词的搭配规律,词语分类的规律等,会帮助学生更好地掌握语言文字,更深入地感受汉字的文化内涵。

（三）内容的组织

1. 统编教材一年级上册第五单元《大小多少》《小书包》。

这两篇课文的学习内容与学生生活紧密,也包含语言文字运用的规律,如量词搭配和词语按属性分类。这两篇课文为任务群的创设提供了丰富的资源。但要想打通课文学习和生活的壁垒,还需要教师按照需求,从学生的真实生活中灵活地调取其他学习资源。

2. 学生已有经验。

有研究表明,3—4岁的孩童已经对生活中的文字产生兴趣,并会因为认识街道上的招牌或物品包装袋上的文字而产生自豪感。这说明,在生活中,学生已经储备了一定的识字经验,并且对于在生活中识字具有较强兴趣。

- ▶ 二、目标与评价 - - - - - - - - - - - - - - - - -

（一）目标

本学习任务群需要充分开展识字、写字教学,引导学生扎实地积累《大小多少》《小书包》两篇课文中的相关生字、掌握相关语言文字运用规律,也要引导学生在生活中进行实践学习——进行一次超市采购。

基于以上分析,本任务的学习目标确定为:

1. 能够通过联系生活、图文对照等识字方法,认识 23 个生字和 5 个新偏旁;会写 10 个生字和 1 个新笔画,并能够在新语境中正确书写本课生字。

2. 能将"头、只"等量词与事物进行正确配对。能够积累生活中常用的量词短语搭配。能认读 6 个表示学习用品的词语,并能说出生活中其他类别事物的名称。

3. 能够正确认读采购清单上的物品名称,并为清单上的物品进行正确分类,为物品搭配合适的量词。能够在家长的陪同下完成一次采购。

(二) 评价标准

本学习任务群采取过程性评价,将学生在学习过程中呈现出来的学习表现按"识字写字""积累梳理""语言运用""态度习惯"进行划分,关注具体的表现特征及对应的不同水平等级。本学习任务群注重评价主体的多元互动,充分调动学生、教师、家长三方参与评价,以学习评价表作为评价依据,供各主体进行科学评价。

"我是小小采购员"学习评价表

评价项目	评价等级		评价主体
	具体特征	等级	
识字写字	能正确认识 23 个生字和 5 个新偏旁,会正确书写 10 个生字和 1 个新笔画。 能够准确地认读两首儿歌,熟练背诵《大小多少》。	☆☆☆	学生 教师
	能基本认识 23 个生字和 5 个新偏旁,基本会书写 10 个生字和 1 个新笔画。 基本能够认读两首儿歌,基本能正确背诵《大小多少》。	☆☆	
	对于认识生字和新偏旁有困难,对于书写本课生字有困难。 难以认读两首儿歌,无法背诵《大小多少》。	☆	
积累梳理	能够正确为物品分类,并为物品搭配合适的量词。 能够在采购的过程中自主积累生字。	☆☆☆	家长 教师

评价项目	评价等级		评价主体
	具体特征	等级	
积累梳理	能够尝试为物品分类，并尝试为物品搭配量词。能够在采购的过程中尝试积累生字。	☆☆	家长教师
	对于为物品分类和为物品搭配量词仍存在困难。对于在生活中积累汉字仍存在困难。	☆	
语言运用	能够完整、正确、自信地向同学介绍自己的采购成果和采购心得心得。	☆☆☆	家长学生教师
	能够基本完整、正确、较为自信地向同学介绍自己的采购成果和采购心得。	☆☆	
	对于介绍采购成果和采购心得仍存在困难。	☆	
态度习惯	能够积极、主动地参与活动。能够充分感受在生活中识字的乐趣，对学习汉字有浓厚的兴趣。	☆☆☆	家长学生
	能够在他人的支持和鼓励下较好地参与活动。能够基本感受在生活中识字的乐趣，对学习汉字有兴趣。	☆☆	
	在参与活动的过程中，需要多次提醒，较难感受在生活中识字的乐趣。对学习汉字缺乏兴趣。	☆	

➡ 三、情境与任务

（一）情境设计

　　小朋友们，在语文课堂上，你们认识了好多汉字朋友，也学到了很多与汉字交朋友的好方法。细心的小朋友能够发现，生活的角角落落都有汉字，只要掌握了识字的方法，你就可以和更多的汉字交上朋友，这些汉字朋友还会帮助你做好很多事情。

　　这一次,我们将挑战做小小采购员,学习两篇课文,并完成一次采购。当然,采购的过程中可能会遇到很多不认识的汉字,不要忘了使用识字的好办法去主动认识他们,也可以请教身边的大人,还可以把他们积累下来,介绍给身边的小伙伴。

(二) 任务设计

　　本学习任务群,主题为"我是小小采购员",主任务是"完成一次超市采购"。由此设计了两个前后连贯的学习任务,建构了学习主题统领下的任务单元,如图所示:

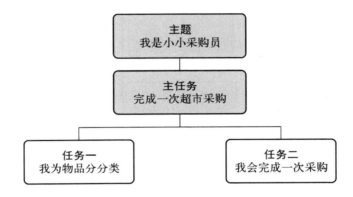

　　任务一是"我为物品分分类",通过学习《大小多少》和《小书包》两篇课文,初步掌握量词短语的正确搭配和按照属性分类、识记事物名称的方法。并拓展延伸,尝试根据物品的属性和数量,为生活中的物品分分类,并为其搭配合适的量词。

　　任务二是"我会完成一次采购",认读采购清单上的物品,为采购清单上的物品分类并搭配量词。在家长的陪同下前往超市进行采购,根据采购清单进行采购。完成采购后,制作一张采购物品小报,在学校展示,并向同学分享自己的采购成果。

四、活动与建议

(一) 活动设计

　　"我为物品分分类""我会完成一次采购"两个任务引导学生由识记、积累汉字走向梳理语言规律,在真实的语文实践活动中,引领学生积累个体语言经验、锻炼语言运用能力、形成规范使用语言文字的习惯。

任务一　我为物品分分类

本任务由"分类识记物品名称""学习正确搭配量词"和"分类归纳物品"三个活动组成,如图所示:

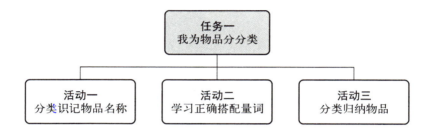

活动一:分类识记物品名称

1. 认识小书包和里面的文具。

(1)和"小书包"打招呼,认识汉字"书、包"和包字头。

(2)找出小书包里的宝贝,发现宝贝们的共同属性——文具。

(3)借助拼音、图片,读准宝贝名称。

(4)运用多种方法识记"尺、作、业、本、笔、刀"。

① 联系生活,识记"尺、作、业",认识单人旁,读好"尺子"一词中的轻声"子"。

② 运用加一加的方法识记"本"。

③ 结合图片,识记"笔"和竹字头,了解古人是用毛笔写字的,笔头为毛,笔杆为竹,所以"笔"由竹字头和"毛"组成。

④ 结合字源演变图,识记"刀"。

(5)朗诵儿歌,巩固生字,联系生活识记"课、早、校"。

(6)交流整理文具、书包的好方法。

(7)学写"早、书、刀、尺、本"。

(8)补充文具名称,练写生字。

shū 包　bĕn zi

jiǎn dāo　zhí chǐ
剪　　　直

2. 读儿歌,谈谈体会。

(1) 自由读儿歌。

(2) 配乐集体读儿歌。

(3) 出示词语"静悄悄",交流:怎样才能让这些小宝贝在课堂上静悄悄呢?

(4) 现场练习整理文具。

3. 小组交流其他类别的物品名称:

(1) 四人小组交流,确定小组讨论的物品类别,如食物组、动物组等。

(2) 采用小组接龙等方式,积累相应类别的物品名称。

(3) 小组汇报,比一比哪一组积累的物品名称比较多。

活动二:学习正确搭配量词

1. 认识"大、小、多、少"。

(1) 找意思相反的词语。

(2) 给"多"组个词。

(3) 比较"少"和"小",说说它们的不同之处。

2. 黄牛和猫比大小。

(1) 和黄牛、猫打招呼。

(2) 认识汉字"黄、牛、猫",学习反犬旁,了解反犬旁的字往往与四脚的兽类有关。

（3）朗诵课文第 1 节,发现因为大小的差别,黄牛和猫搭配的量词有所不同。大的动物搭配"头",小的动物搭配"只"。

3. 鸭子和鸟比多少。

（1）叫一叫小鸟和鸭子的名字。

（2）认识汉字"鸭、鸟",学习鸟字边,了解鸟字边的字往往与禽类有关。

（3）朗诵课文第 2 节,发现因为数量的差别,小鸟和鸭子搭配的量词不同。数量多的动物搭配"群",数量少的动物搭配"只"。

4. 水果家族比大小多少。

（1）读一读水果家族成员们的名字。

（2）认识"苹果、杏、枣、桃"。

（3）朗诵课文第 3、第 4 节,关注事物和量词的搭配。

5. 学写生字。

（1）学写"小、少、牛、果、鸟"。

（2）在新语境中练写生字。

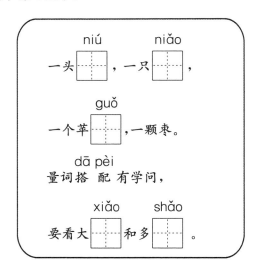

6. 量词事物配配对。

（1）请学生说一说,教室里的事物分别可以与什么量词进行搭配。

（2）为上面活动中提到的文具搭配合适的量词。

（3）请学生想一想,还知道生活中哪些事物的量词搭配。

（4）积累有趣的特殊量词，如 12 个乒乓球可以叫"一打乒乓球"。

活动三：分类归纳物品

1. 认读采购清单，为采购清单中的物品搭配合适的量词。

（1）借助拼音，认读采购清单。

（2）联系生活，为采购清单上的物品搭配合适的量词。

（3）与同桌交流量词的搭配情况，发现采购的数量不同，所使用的量词也不同。从而明白，如果需要采购，除了要清楚需要采购的物品，还需要了解采购的数量。

2. **按照属性分类归纳物品。**

（1）在超市里，物品都是分类放置的，为了能够在采购时更快地找到物品，需要对物品进行分类。思考：采购单上的物品，可以如何分类呢？

（2）用相同的颜色将同类的物品圈起来，不同类的物品用不同颜色的彩笔区分开。

（3）小组交流，讨论分类是否准确。

任务二　我会完成一次采购

本任务由"分类采购物品""拓展认识汉字"和"我会介绍采购成果"三个活动组成，如图所示：

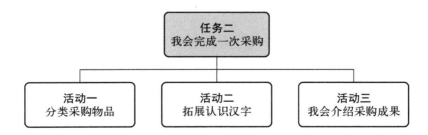

活动一：分类采购物品

1. 分类采购物品：根据采购单上的物品分类，前往超市不同区域，按需求采购物品。

2. 检查采购结果：在采购结束前，对照着采购清单，检查所需物品是否已采购齐全。

活动二：拓展认识汉字

1. 拓展认识同类物品的名称。

在采购时,不仅要认识采购单上对应物品的名称,还要通过观察包装袋、关注物品名牌等方式,认识其他同类物品。有条件的,还可以把积累的物品名称拍下来或记录下来。

2. 拓展认识超市里的其他汉字。

在采购时,不仅可以关注和物品有关的汉字,还可以通过观察告示牌、指引牌、广告等,认识其他汉字。有条件的,还可以把积累的汉字拍下来或记录下来。

活动三：我会介绍采购成果

1. 制作小报:可以采用照片剪贴或绘图的方式,将采购的物品分类呈现在小报上,能力强的学生还可以借助拼音,把物品名称及其量词搭配(如:两个苹果)记在小报上。如果有困难,可以口头表达。

2. 在班级中进行小报展示,评选"采购小达人",颁布奖章。

3. 制作班级采购成果墙:将学生制作的采购成果小报张贴在教室的文化墙上,作为本次活动的成果汇总。学生可以通过欣赏他人的作品,积累到更多的汉字。

（二）活动建议

1. 教学时间。

本任务建议用 6 课时完成。其中,任务一用 4 课时完成,任务二用 2 课时完成。

2. 注意事项。

（1）注意夯实基础。

本任务是在一年级两篇课文学习的基础上,基于课文中的语言文字规律,结合学生生活实际设计出来的。因此,务必要夯实两篇课文的学习内容,让学生打稳根基,掌握识字的方法,再运用方法。

（2）注意沟通。

本任务涉及的场域有家庭、学校、社会。为了保障学生的安全和任务顺利完成,教师必须要加强与家长的沟通,争取家长的支持和配合。

（3）注意分层实施。

在完成任务的过程中，要明确不同学生的学习起点不同。针对不同水平的学生，要提出不同难度的活动要求，确保每个孩子在享受活动的同时有所收获。

五、资源与运用

练 习 与 测 评

请你为采购清单上的物品搭配合适的量词，并根据物品的属性进行分类，用同种颜色的彩笔圈画出同类物品。

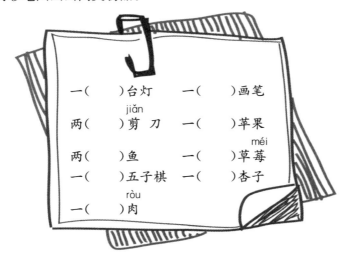

一（　　）台灯　　　一（　　）画笔

两（　　）剪刀（jiǎn）　　一（　　）苹果

两（　　）鱼　　　　一（　　）草莓（méi）

一（　　）五子棋　　一（　　）杏子

一（　　）肉（ròu）

学 习 资 源

1. 绘本《量词学习》。

2. 超市交际常用话语。

当你找不到某样东西时（询问导购员）："您好，请问（　　　）在哪里？"

当你想要结账时（询问收银员）："您好，我想要结账。一共多少钱？我用支付宝/微信支付。"

当你挑选好散装食品，前往称重台打算称重时（询问工作人员）："您好，麻烦帮我称一下，谢谢！"

当你在超市不小心把试吃的东西弄洒了（向保洁员寻求帮助）："您好，不好意思，我把（　　　）弄洒了，能帮我清理一下吗？"

当你在超市和家长走丢了（前往服务台向工作人员寻求帮助）："您好，我和家长走丢了，能帮我广播告知我的家长吗？我的名字叫（　　　）。"

（编写人：浙江省杭州市长寿桥岳帅小学　张至澄）

第3讲　有趣的字谜

——统编教材一年级下册"语言文字积累与梳理"
学习任务群设计

➡ **一、主题与内容**

（一）主题的确立

《义务教育语文课程标准（2022年版）》在"语言文字积累与梳理"任务群第一学段的学习内容里明确提出："先认先写基本字，学习部首检字法，尝试发现汉字的一些规律，初步学习分类整理课内外认识的字；在生活中主动识字，发展独立识字能力。"由此可见，第一学段，学生在教师的引导下尝试发现汉字规律，并依据规律初步学习分类整理课内外认识的字，从而尝试在生活中主动识字，发展独立识字能力，是很必要的。

如何引导学生尝试发现汉字规律呢？统编教材中多次出现了"猜字谜"这种充满趣味的识字方法。该方法发挥汉字笔画、结构的组合特点，引导学生通过猜字谜来识记汉字。

根据汉字的特点，用谜语帮助识字，更能激发学生的兴趣。学生在"猜"的过程中，很自然地就理解和掌握了字形和字义。另外，字谜的内容往往与汉字的构字方法有关，如，象形字字谜往往以图猜字，而形声字字谜则有可能涉及一个字族。因此，学生在收集、整理甚至创编字谜的过程中，也在经历着体会汉字字理、了解汉字构字方法的过程。在这样的过程中，学生不仅能葆有对识字的热情和对于汉字的浪漫想象，还能使分类思维和独立识字的能力得到发展。因此，教师要引导学生走进充满魅力的汉字殿堂，主动探索汉字构字的奥秘。

基于对课标、教材和学生学习实际的分析,本任务的学习主题设定为:有趣的字谜。主任务为:开展一场班级字谜大会,在字谜大会上分享自己收集和创编的字谜,并猜一猜他人分享的字谜。内容为:学生回顾、分类整理课内出现的字谜,积累并讲解课外字谜,挑战为课内学过的字创编字谜,再以小组为单位,将课外收集的字谜和自主创编的字谜制作成"字谜展板",开展一场有趣的班级字谜会。

(二) 内容的组织

一年级的课文中出现了各种形式的字谜。例如,一年级上册识字单元第四课《日月水火》引导学生通过观察事物的图画,分别猜测其对应的象形文字;一年级上册识字单元第九课《日月明》引导学生借助会意字的构字规律,猜测会意字的意思;一年级上册出现了三首谜语诗,诗中巧妙地表达了事物的特征,引导学生在读古诗之余,猜测古诗对应的谜面分别是什么字;一年级下册识字单元第四课《猜字谜》编排了两首字谜诗,其一根据字的部件形与义之间的关联创设字谜,其二则是根据形声字字族的规律进行设计,课后练习中更是用泡泡语出示学习建议"我们也来猜字谜吧"。

本任务群针对一年级下学期的学生,由一年级下册《猜字谜》一课生发而来,兼顾重现教材中曾出现的其他字谜,调动学生对字谜的学习经验。课内出现的字谜为任务群的开展提供了多样的基础性学习资源。

学生在课外生活中,也能通过书籍或网络了解、积累到多样的字谜。这使学生在原有的学习基础上,可以自主地积累、梳理字谜的个性化语言经验。

▶ 二、目标与评价

以学习任务群组织语文学习,要突出学生学的主体性,评价也应该围绕学展开,体现学、评一致。

（一）目标

学习目标	评价目标
1. 能够运用多种识字方法，认识《猜字谜》一课中的 13 个生字和 2 个新偏旁，巩固"青"字族汉字，会写 7 个生字。能够认读教材中出现过的字谜谜面。	1. 能够通过结合图片、联系生活等方式，认识 13 个生字和 2 个新偏旁，区分"青"字族 4 个汉字的字形和字义。 2. 会写 7 个生字，并能够在新语境中正确书写本课的生字。 3. 能够准确地认读教材中出现过的各个字谜的谜面。
2. 能够结合以往的学习经验，猜出教材中字谜的谜底，并简单讲解猜谜的思路。能够借助识字方法，发现解字谜和创编字谜的三种方法。	1. 能够准确地猜出教材中字谜的谜底，并简单说一说自己猜谜的思路。 2. 能够在老师的帮助下，大概了解解字谜和创编字谜的三种方法。
3. 能够在家长的帮助下，通过书籍或网络等渠道收集课外字谜。能够借助编字谜的五步思路创编字谜，并能为他人讲解解谜思路。能够在与小组成员沟通的过程中，组织他人猜测自己收集或创编的字谜。能够运用多种猜字谜的方法，猜出他人收集或创编的字谜。认真倾听他人讲解，了解更多猜字谜的思路。	1. 能够在家长的帮助下，通过书籍或网络等渠道收集 1—2 个字谜，并用合适的方式记录下来。 2. 能够根据汉字特点，为教材内学过的 1—2 个汉字，创编 1—2 条合理的字谜，并用合适的方式记录下来。 3. 能够较好地组织小组内其他成员猜自己收集或创编的字谜。 4. 在小组内其他成员猜测有困难的时候，能够用合适的音量，为他人讲解字谜的猜测思路，在讲解时看向小组成员的眼睛。 5. 能够积极尝试猜测小组内其他成员收集或创编的字谜，并至少猜对两条。 6. 能够认真倾听他人讲解猜字谜的思路，他人说话时，看向说话者的眼睛。
4. 能够与小组成员合作，制作"字谜展板"。能够感受收集字谜、创编字谜、猜字谜的乐趣。能够发展分类思维和自主识字的能力。	1. 能够积极主动地与他人配合，制作一块可供他人猜谜的"字谜展板"。 2. 能够感受收集字谜、创编字谜、猜字谜的乐趣。 3. 能够在活动中根据事物的不同特性将它们进行分类。 4. 能运用解字谜和创编字谜的方法，独立认识汉字、了解汉字结构特点。

（二）评价标准

该任务的评价主要关注"评价项目"和"评价等级"两个要素。"评价项目"是根据语文要素确定学生在完成任务的过程中需要被纳入评价的关键表现或成果，继而指向评价主体需要评什么。在本任务群中，评价主要指向"识字写字""积累梳理""语言运用""态度习惯"四个维度；"评价等级"包含具体特征和等级，往往是根据学生的关键表现或成果的水平程度划分等级，并且呈现出每一个等级所对应的具体特征。

"有趣的字谜"学习评价表

评价项目	评价等级		评价主体
	具体特征	等级	
识字写字	能正确认识13个生字和2个新偏旁，准确区分"青"字族4个汉字的字形和字义；会正确书写本课7个生字；能够准确地认读教材中出现过的各个字谜的谜面。	☆☆☆☆☆	学生教师
	能基本认识13个生字和2个新偏旁，较好地区分"青"字族4个汉字的字形和字义；基本会书写本课7个生字；基本能够认读教材中出现过的各个字谜的谜面。	☆☆☆	
	对于认识生字和新偏旁，区分"青"字族4个汉字的字形和字义有困难；对于书写本课7个生字有困难；难以认读教材中出现过的各个字谜的谜面。	☆	
积累梳理	能够在家长的帮助下，通过书籍或网络等渠道顺利收集课外字谜；能够正确了解"象形法、意会法、组合法"这些猜字谜、创编字谜的方法。	☆☆☆☆☆	家长教师
	能够在家长的帮助下，通过书籍或网络等渠道尝试收集课外字谜；能够基本了解"象形法、意会法、组合法"这些猜字谜、创编字谜的方法。	☆☆☆	
	无法在家长的帮助下收集课外字谜；对于了解"象形法、意会法、组合法"这些猜字谜、创编字谜的方法有困难。	☆	

评价项目	评价等级		评价主体
	具体特征	等级	
语言运用	能自主运用方法猜字谜；能运用方法为学过的字创编1—2条合适的字谜；能准确地为他人讲解解谜思路；能够认真倾听他人讲解，了解猜字谜的思路。	☆☆☆☆☆	学生教师
	能在他人的帮助下运用方法猜字谜；能运用方法尝试为学过的字创编1—2条字谜；能较清楚地为他人讲解解谜思路；能够倾听他人讲解，大致了解猜字谜的思路。	☆☆☆	
	对于运用方法猜字谜、创编字谜仍存在较大困难；对于为他人讲解解谜思路和倾听他人讲解，了解猜字谜的思路仍存在困难。	☆	
态度习惯	能够与小组成员主动、积极地合作；能够充分感受收集字谜、创编字谜、猜字谜的乐趣；对学习汉字有浓厚的兴趣。	☆☆☆☆☆	学生组员
	能够与小组成员较好地进行合作；能够基本感受收集字谜、创编字谜、猜字谜的乐趣；对学习汉字有兴趣。	☆☆☆	
	在与小组成员合作的过程中，需要多次提醒；较难感受收集字谜、创编字谜、猜字谜的乐趣；对学习汉字缺乏兴趣。	☆	

▶ 三、情境与任务

（一）情境设计

小朋友们，在语文课上，我们遇到过很多有趣的字谜。它们形式多样，有生动的图画，有朗朗上口的古诗和儿歌，还有简洁的短语……你们享受猜字谜的过程吗？其实,在我们的生活中,还有很多巧妙的字谜等你去发现,你还可以自己创编字谜。在收集字谜、创编字谜、猜字谜的过程中,你可以认识、了解更多的汉字,是不是很好玩呢？这一次,我们要在班级中开展一次有趣的字谜大会,每个人都可以分享自己收集或创编的字谜,也可以挑战猜测他人的字谜,准备好迎接挑战了吗？

(二) 任务设计

本学习任务群的主题为"有趣的字谜",主任务是"举办一场班级字谜大会",在字谜大会上分享自己收集和创编的字谜,并猜一猜他人分享的字谜。由此设计了三个前后连贯的学习任务,建构了学习主题统领下的任务单元,如图所示:

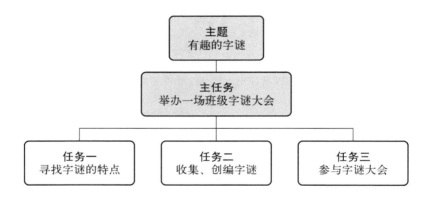

任务一是"寻找字谜的特点"。通过学习《猜字谜》这篇课文,让学生了解字谜的含义,体验猜字谜、讲解字谜的过程。通过回顾教材内出现过的其他字谜,了解字谜谜面的不同形式,如图画、诗歌等。通过读谜面,思考谜底,交流讨论出解字谜的方法,并尝试讲解字谜。

任务二是"收集、创编字谜"。基于任务一对于字谜的了解,学生在家长的帮助下,通过书籍或网络等渠道,收集字谜,并练习讲解解谜思路。更有挑战的是,学生可以在老师的引导下,感知汉字的结构特点,对汉字的笔画和部件进行联想,运用多种方法,如组合法、象形法、会意法等,为学过的汉字创编字谜,并练习讲解解谜思路。再将收集和创编的字谜与小组成员进行交流,对字谜进行筛选和再修改,精选出的字谜最终将在字谜大会上亮相。

任务三是“参与字谜大会”。经过任务二后,学生挑选出了一系列字谜,通过小组合作,将字谜以合适的方式呈现在展板上,形成一块字谜展板。每位小组成员练习讲解自己的字谜。在开展字谜大会的过程中,每个小组会有一定的展示时间,在这段展示时间内,小组成员可以组织其他学生猜猜本组精选的字谜,并讲解他人猜不出的字谜。同样,在其他组展示的过程中,学生需积极参与猜谜,并尝试将自己的解谜思路与他人分享。在字谜大会结束之后,学生也可以将新了解到的字谜与家人进行分享。

→ 四、活动与建议

(一) 活动设计

让“寻找字谜的特点”“收集、创编字谜”“参与字谜大会”三个任务由课内走向生活;由了解“字谜”这种语言形式的外部特征,走向运用“字谜”体会汉字结构的主要特点;由积累走向梳理、运用。在积极的语文实践活动中,学生不仅能高效识字,还能发展思维能力和汉字审美能力,提高自主识字能力,丰富对汉字文化内涵的认知。

任务一 寻找字谜的特点

本任务由“了解字谜组成”“归纳谜面类型”和“寻找解谜思路”三个活动组成,如图所示:

活动一：了解字谜组成

1. 引入文化传统。

（1）观看一段关于元宵节习俗的视频，说一说元宵节有哪些习俗。

（2）聆听教师讲解，结合课文插图和学习资源中的图片，关注元宵节习俗之一——猜灯谜。

2. 认识字谜。

（1）了解字谜的特殊含义，知道字谜就是谜底为单个汉字的谜语。

（2）了解字谜是由谜面和谜底组成的，谜面呈现在明面上，谜底是隐藏起来待揭晓的。人们通过读谜面，猜出谜底。

3. 认读谜面。

（1）借助拼音认读《猜字谜》中的两首谜面。

（2）多种方法认识"相、遇"等13个生字和2个新偏旁：

① 师生通过动作演示识记生字。

② 追溯字源，结合生活中的图片，识记"喜"，借助"喜"和"欢"意思相近的特点，识记词语"喜欢"，认识又字旁。

③ 引导学生联系生活识记"怕"，体会竖心旁表义的特点。

④ 结合"言"的字形特点，里面有个口，人发言要开口，识记"言"。

⑤ 组词识记"互相"。

⑥ 加一加识记"令"，关注后鼻音。

⑦ 结合清澈的溪水和瓶装矿泉水的图片，识记"纯净"，认识"两点水"。

（3）开展多种形式的朗读，指导学生读准字音，读出节奏感。

活动二：归纳谜面类型

1. 回顾已知谜面。

（1）认读资料袋中的谜面。

（2）和同桌交流：资料袋中的谜面分别对应着什么谜底？

2. 归纳谜面类型。

（1）结合《猜字谜》一课出现的两篇谜面、资料卡中出现的谜面和学生的生活经验，小组交流：谜面有哪些类型？

（2）结合学生的交流结果，教师进行提炼，帮助归纳：谜面可以是一幅生动的画,也可以是一首朗朗上口的诗歌,还可以是一句简短的话语,等等。

活动三:寻找解谜思路

1. 交流已知谜面的解谜思路。

(1)小组交流:是怎样猜出资料卡中的两条字谜的?

(2)结合小组的交流结果,教师出示解谜小锦囊一"巧用象形法:将笔画、部件或整个字想象成事物"和解谜小锦囊二"妙用会意法:将笔画、部件意思进行组合,或将整个字的意思进行多样表达"。

(3)结合小锦囊中的提示,回顾资料卡中两组谜面,发现可以用解谜小锦囊一"巧用象形法"解出第一组谜面——谜面中的事物就代表了谜底,可以用解谜小锦囊"妙用会意法"解出第二组谜面——这首诗的每一句话,都和谜底"画"的意思有直接关系。

2. 猜第一条字谜。

(1)读第一行线索,根据线索,画出"左绿""右红"两个框,了解这个字是左右结构,线索与左右两部分事物的颜色有关。

(2)读第二行线索,根据线索思考整个字的意思,推敲"起凉风"。

(3)读第三、第四行线索,了解左右两部分事物的特点分别是"喜欢及时雨"和"最怕水来攻"。

(4)结合线索进行讨论,发现谜底是"秋"。

(5)获得解谜小锦囊三"善用组合法:根据谜面,把笔画或部件进行加减组合,凑成一个字"。

3. 猜第二条字谜。

(1)读第二篇谜面,在教师的帮助下,推断谜面的前两个字代表谜底的偏旁,后四个字代表谜底的意思。

(2)结合三个锦囊的方法提示,小组讨论谜底,如果学生在小组讨论后仍有困难,教师可以提供几个备选字,请学生结合谜面进行选择。

(3)发现谜底是"青",了解形声字的特点——这几个字都是"青"的好朋友,字的读音和"青"相近,字的意思和偏旁有关。

(4)猜一猜新字谜,说一说是怎么猜的。

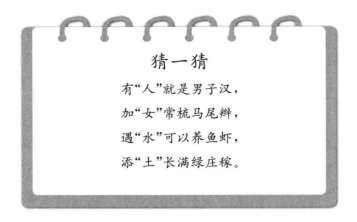

猜一猜

有"人"就是男子汉，

加"女"常梳马尾辫，

遇"水"可以养鱼虾，

添"土"长满绿庄稼。

4. 尝试讲解字谜。

（1）学生练习说一说破解两条字谜的思路。

（2）小组成员间互相讲解《猜字谜》一课中的两条字谜。

任务二　收集、创编字谜

本任务由"收集字谜""创编字谜""精选字谜集"三个活动组成，如图所示：

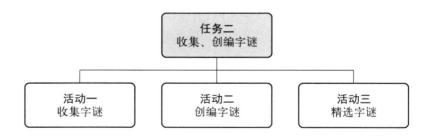

活动一：收集字谜

1. 讨论收集字谜的要点。

（1）交流收集渠道。

（2）讨论选字谜的标准。

如，谜面的语言要生动易懂，谜面可以是多形式的，谜底最好是我们学过的字等，初步制作"字谜评价表"。如果学生在讨论的过程中存在困难，教师也可以出示"字谜评价表"，帮助学生了解收集字谜的标准。

谜面的语言要生动易懂(谜面可以是文字,也可以是图画等)	
谜面具有一定的迷惑性,不能过于直接	
谜底最好是我们学过的字	
……	

2. 收集字谜。

（1）在家长的帮助下,收集字谜。

（2）根据"字谜评价表",比对自己收集的字谜是否符合标准。

（3）将符合标准的1—2条字谜用合适的方式记录下来。

（4）向家长练习说一说破解字谜的思路。

3. 分享字谜。

（1）向小组成员分享收集到的字谜,组织小组成员猜一猜。

（2）如果有小组成员在猜谜时存在困难,讲一讲自己的解谜思路。

活动二：创编字谜

1. 交流创编字谜的方法。

读一读老师出示的三条典型字谜,发现创编字谜的三种常见的方法,即"组合法""象形法""会意法",将它们和猜字谜的三种方法一一对应,并了解每一种创编方法的特点。

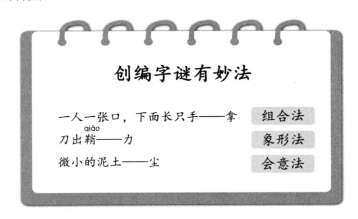

创编字谜有妙法

一人一张口，下面长只手——拿　　组合法

刀出鞘——力(qiào)　　象形法

微小的泥土——尘　　会意法

2. 体验创编字谜的过程。

（1）了解创编字谜的思路：读准生字字音——→看看生字结构——→拆分生字各个部件——→把各部件编进字谜——→再读谜面进行修改。

（2）选取以往学过的一个汉字，全班师生共同按照五步思路，体验创编字谜的过程。

（3）小组成员上台抽取一个学过的汉字，相互合作，按照五步思路创编字谜。

（4）回家后，学生选取1—2个学过的汉字，按照五步思路创编字谜，并用合适的方法记录下来。

（5）跟家长练习说一说破解字谜的思路。

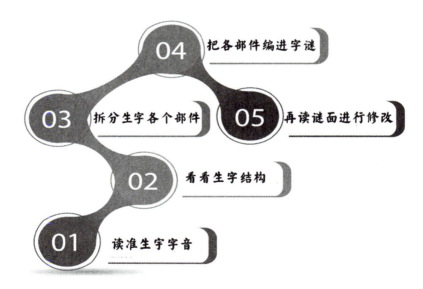

3. 分享字谜。

（1）向小组成员分享创编的字谜，组织小组成员猜一猜。

（2）如果有小组成员在猜谜时存在困难，讲一讲自己的解谜思路。

活动三：精选字谜

1. 精选字谜。

（1）回顾"字谜评价表"的标准。

（2）展示小组成员收集、创编的字谜，每个小组成员对照着标准，在喜欢的字谜旁边贴上点赞贴纸,每组选出5—6条字谜作为小组字谜集。字谜集将在字谜大会上进行展示。

2. 练习讲解字谜。

(1) 小组分工,每人负责讲解1—2条字谜的破解思路。

(2) 小组练习讲解,互相聆听讲解,提出意见,不断完善。

任务三　参与字谜大会

本任务由"制作字谜展板""参加猜谜、解谜""分享参与收获"三个活动组成,如图所示:

活动一:制作字谜展板

1. 讨论展板制作事宜。

小组成员在老师的帮助下,讨论展板制作的注意事项,包括字谜的呈现方式,小组成员的制作分工情况,等等。

2. 制作字谜展板。

小组成员在家长的帮助下,制作一块字谜展板,将精选出的字谜用合适的方式呈现在展板上。

3. 练习展示。

开展字谜大会前,小组成员可以结合字谜展板练习展示环节,包括调动他人猜字谜、讲解字谜破解思路等。

活动二:参加猜谜、解谜

1. 小组分享字谜。

(1) 小组成员借助展板展示谜面,有序邀请其他小组的成员进行猜谜,为猜对的同学发放相应的证明或奖励。

（2）如果有猜不出的字谜，由负责该字谜的同学进行讲解。

2．猜猜其他小组分享的字谜。

（1）当其他小组在展示的时候，认真倾听、积极参与，分享自己猜字谜的想法和思路。

（2）还可以把有趣的字谜记录下来，回家后和家长分享。

活动三：分享参与收获

1．分享参与字谜大会的收获。

和同伴、教师交流在筹备、进行字谜大会的过程中，自己有哪些收获，如了解了哪些猜字谜或创编字谜的方法，学会了哪些收集和整理信息的方法，认识了哪些汉字，在和小组成员合作的过程中有哪些感悟，在猜字谜、收集字谜、创编字谜的过程中收获了哪些乐趣，等等。

2．将收集到的字谜分享给家长。

将在字谜大会上收集到的有趣字谜分享给家长，请他们猜一猜。如果家长猜正确了，可以和家长交流一下解谜的思路，对比一下家长的思路和自己的思路是否有不同之处；如果家长没猜对，可以向家长讲解自己解谜的思路。

（二）活动建议

1．教学时间。

本任务建议用 5 课时。其中，任务一用 2 课时完成，任务二用 2 课时完成，任务三用 1 课时完成。

2．注意事项。

（1）调动学生的学习兴趣。

本任务是在一年级下册《猜字谜》这篇课文以及教材内出现的一系列字谜的基础上，进行延伸拓展而设计出的。因此，在学习课文时，教师要引导学生对字谜这种语言形式产生兴趣，对猜字谜产生热情，才能更有效地开展后续一系列活动。这就要求教师关注学生"猜"的过程，给孩子提供鼓励和支持，对认真思考的行为进行表扬，而不仅限于关注最后的猜谜结果。

（2）注重方法指引。

猜字谜和创编字谜都有方法，因此，在本任务中可引入"猜字谜锦囊"和"创编字谜五步思路"作为学习支架。但是,对于一年级学生而言,如何运用学习支架也有较大的困难。因此,教师需要提供范例指导,先手把手地示范如何猜字谜、创编字谜,再逐步放手。当然,在学生独立学习的过程中,教师需要关注学生的学习情况,适时提供指导和帮助。

（3）发挥后续作用。

猜字谜、创编字谜是充满趣味的识字方式,有诸多裨益,譬如,可以帮助学生用生动的方式掌握汉字内部结构特点,可以帮助学生辨别同音字、形近字等。因此,在本次任务过后,教师可以鼓励学生延续这样的方法进行独立识字,也可以在学习生活中定期举办"为易错字创编字谜"等活动,将这次任务对学生发展产生的价值最大化。

→ 五、资源与运用

练 习 与 测 评

1. 猜字谜：认读谜面,猜谜底,说说解谜思路。

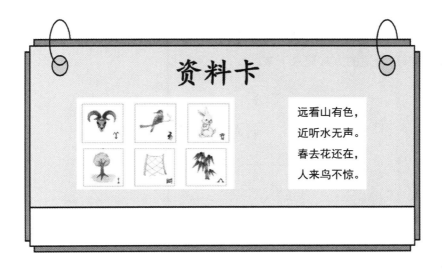

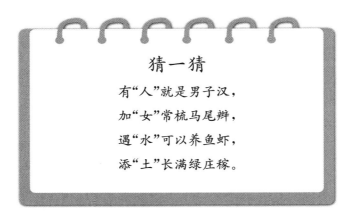

猜一猜

有"人"就是男子汉，

加"女"常梳马尾辫，

遇"水"可以养鱼虾，

添"土"长满绿庄稼。

2. 收集字谜：请借助书籍或网络等渠道，对照"字谜评价表"，收集1—2条字谜，用合适的方式记录下来。

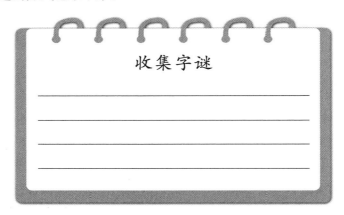

收集字谜

3. 创编字谜：请你按照创编字谜的五步思路，对照"字谜评价表"，创编1—2条字谜，用合适的方式记录下来。

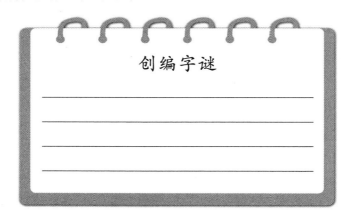

创编字谜

学 习 资 源

1. 猜字谜锦囊。

象形法：将笔画、部件或整个字想象成某事物。

会意法：将笔画、部件意思进行组合，或将整个字的意思进行多样表达。

组合法：根据谜面，把笔画或部件进行加减，凑成一个字。

2. 创编字谜的方法及特点。

象形法：将笔画或部件想象成事物进行创编。

会意法：根据笔画或部件的意思进行创编，通常这样的谜面也代表字的意思。

组合法：通过笔画或部件组合的方式进行创编。

创编时并不是只能用单一的方法，也可以使用多种方法进行组合。

3. 创编字谜五步思路。

读准生字字音──→看看生字结构──→拆分生字各个部件──→把各部件编进字谜──→再读谜面进行修改。

（编写人：浙江省杭州市长寿桥岳帅小学 张至澄）

第4讲 我有整洁的小书包

——统编教材一年级下册"语言文字积累与梳理"
学习任务群设计

（一）主题的确立

"语言文字积累与梳理"任务群第一学段要求学生"认识家庭生活、学校生活、社会生活中的常用字"，统编教材一年级下册第七单元的人文主题是"培养良好习惯"，单元语文核心要素是"根据课文信息作简单推测"。本单元第一篇课文《文具的家》就和学生在家庭生活、学校生活中出现的乱丢文具现象息息相关。课文主要写了贝贝每天都乱丢文具，常常遗失自己的铅笔和橡皮，后来在妈妈的提醒和引导下，终于明白"要把文具送回家"的道理，养成了每天都检查文具的好习惯。故事告诉我们，应该像改正错误的贝贝一样珍惜、爱护自己的文具，养成勤整理、爱收纳的好习惯。

一年级下学期的学生已经学习过《小书包》一课，对于文具的名称已有了基本的认读能力。在此基础上，学生需要通过对比"贝贝的家"和"书包的家"，根据课文信息作简单推测，理解"为什么需要整理小书包""如何收拾小书包"，从而明白归纳整理书包的重要性，培养良好的学习习惯，为现实的学习生活提供一定帮助。

基于课标、教材和学生学习生活的实际问题，本任务的学习主题确定为"我有整洁的小书包"。

（二）内容的组织

1. 统编教材一年级下册第七单元的课文《文具的家》。

《文具的家》一课内容中，在根据课文信息作简单推测的内容主要有：猜测遗失的铅笔、橡皮可能丢在哪儿;根据插图人物的表情和动作揣摩妈妈和贝贝说话的语气;根据上下文理解书包就是文具的家;根据实际情况对小书包内的文具进行分类摆放,培养良好的收纳习惯;根据课文内容推测出书本的家、水杯的家、玩具的家等,在此过程中进行生活识字,养成收纳习惯。

2. 学生的已有经验(学习经验和生活经验)及存在的问题。

学生已经学习过《小书包》一课,能够认读基本的文具名称。在以往的学习过程中,学生尝试过根据课文信息和实际学习生活作简单推测。在现实生活中,部分学生容易遗失自己的文具,存在收纳整理的实际问题。

➡️ 二、目标与评价

(一)目标

语文学科核心素养中的"语言运用"是指学生在丰富的语言实践中,通过主动积累、梳理和整合,初步形成良好语感。一年级下册的学生在积累了一定的和文具相关汉字的基础上,能够结合实际生活进行推测,但如何根据课文的信息作简单推测,学生还未掌握具体的方法。基于以上分析,本任务的学习目标确定为:

1. 通过观察插图、对比语句、角色扮演等方式,了解课文表达的大致内容,并能根据课文信息作简单推测。

2. 根据实际情况进行小书包、书柜、水杯架、玩具箱等物品的分类整理,在活动过程中进行识字,培养良好的收纳习惯。

(二)评价标准

创设真实的评估情境,并进行等级评价,能够更直观地观察学生的任务完成进度与成果。增加学习前后的对比,能更直观地反映学生的学习成效。

1. 评价说明。

本学习任务的评价体现了学生学习"阶段性"和"成果性"的统一。评价分为以下三个评价表。"我有整洁的小书包"学习任务活动评价表的第一部分:评价学生在完成学习任务的过程中的态度、交流、合作、思考能力等;第二部分:关注学生学习思维的形成,即学生根据课文信息作简单推测,如根据插图、人物动作和语言等揣摩人物的语气和心理;第三部分,观察学生在学习后是否能将课堂知识运用于实践,并在实践的过程中自主梳理与积累语言文字,达到学以致用的效果。"我有整洁的小书包"学习任务成效评价表从学生的生字识写、句式练习、朗读展示、梳理探究四个方面进行综合知识能力水平的测评。

在评价表中增加可视化的知识、能力增长记录,评价表结合学前、学后两个阶段,综合运用自我评价、小组互评、教师评价的方式。评价过程记录学生学情和学生成长,能够更直观地反映学习成效。

2. 评价表。

"我有整洁的小书包"学习任务活动评价表

评价维度		评价标准	学前评价	学后评价	
			自评	互评	师评
态度	A	主动学习,积极探索,团结协作,乐于分享,勇于挑战。			
	B	认真学习,努力探索,参与合作与分享,完成学习任务。			
	C	对学习任务认识一般,学习过程中经常需要提醒,学习的主动参与性有待提高。			
思维	A	能够主动根据课文信息作简单推测,根据插图、人物动作和语言等揣摩人物的语气和心理。			
	B	能够在提示下根据课文信息作简单推测,根据插图、人物动作和语言等揣摩人物的语气和心理。			
	C	尚不能根据课文信息作简单推测,不能根据插图、人物动作和语言等揣摩人物的语气和心理。			

评价维度		评价标准	学前评价	学后评价	
			自评	互评	师评
实践	A	能够自主将课堂知识运用于实践，并在实践的过程中自主梳理与积累语言文字，学以致用。			
	B	能够在教师的引导下，将课堂知识运用于实践，并在实践的过程中积累与自主梳理语言文字，学以致用。			
	C	尚不能将课堂知识运用于实践，并在实践的过程中积累与自主梳理语言文字，学以致用。			

"我有整洁的小书包"学习任务成效评价表

评价维度		评价标准	学后评价	
			互评	师评
生字识写	A	了解"具"字字源，并能主动联系生活组词（2个及以上），能够举一反三学习生活中的相关生字。		
	B	了解"具"字字源，能够组词（1个及以上），能够认读生活中的相关生字。		
	C	还不能联系生活理解和"具"字有关的词语。		
句式练习	A	熟练掌握两个句式："_____是_____的家"与"先……接着……然后……最后……"，完成并主动分享文具卡片。		
	B	能够练写两个句式："_____是_____的家"与"先……接着……然后……最后……"，完成文具卡片。		
	C	还不能掌握两个句式："_____是_____的家"与"先……接着……然后……最后……"，未能完成文具卡片。		

评价维度		评价标准	学后评价	
			互评	师评
朗读展示	A	能够根据插图、动作和语言等揣摩人物的语气和心理,绘声绘色地朗读好人物语言。		
	B	能够根据插图、动作和语言等揣摩人物的语气和心理,读好人物语言。		
	C	不能根据插图、动作和语言等揣摩人物的语气和心理,不能读好人物语言。		
梳理探究	A	能够综合运用语言文字知识与技能,完成"小书包最佳收纳方案"并主动展示。		
	B	能够运用语言文字知识与技能,完成"小书包最佳收纳方案"。		
	C	还不能将课堂知识运用于书包收纳设计的实践活动中。		

▶ 三、情境与任务

（一）情境设计

　　小朋友们,在班级的小角落里常常有一些遗失的"宝贝",你瞧:壮壮的课桌下有一支铅笔,萌萌的椅子旁有半块橡皮,新买的尺子不知道被哪位小主人遗落在班级置物架上……文具们都走丢了,这里到底发生了什么? 让我们一起跟着贝贝小侦探,听听贝贝和文具的故事,根据课文信息作简单推测。

（二）任务设计

　　本次学习主题是"我有整洁的小书包",主任务是"为小书包设计一份收纳方案",从识字、梳理、积累到运用,分为三个任务、九个活动来进行学习。

任务一是"认读学习用品名称并分类"，让学生认读学习用品的名称，并将其进行归类梳理。任务二是"根据课文信息作简单推测"，推测学习用品可能会遗失在何处，结合课文和生活实际进行分析。任务三是"设计书包最优收纳方案"，设计一份书包最优收纳方案并进行评选。学习任务设计如图所示：

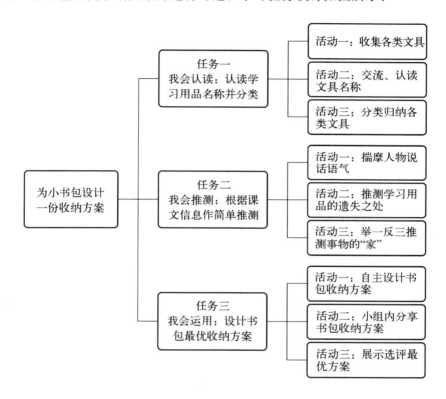

四、活动与建议

（一）活动设计

认读学习用品名称并分类、推测学习用品遗失在何处、设计书包最优收纳方案这三个任务层层递进，让学生从认读、积累、梳理、运用四个方面进行识字。

任务一　我会认读

该任务由"收集各类文具""交流、认读文具名称""分类归纳各类文具并介绍用途"三个学习活动组成，如下图所示：

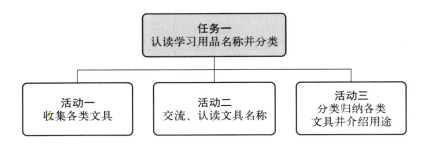

活动一：收集各类文具

同学们的书包里有各种各样的文具，学生收集自己的文具，将其名称和图片一一对应记录在预学单上的小书包内。

示例：铅笔、橡皮、转笔刀、算数本、课本、尺子、荧光笔、钢笔……

活动二：交流、认读文具名称

1. 学生"打开"小书包，自由认读同学的文具名称。有不认识的生字可以结合生活经验猜读、运用形声字规律认读、查字典等。

2. 同学之间"交换"小书包进行认读，自主填写文具卡片，分享自己最喜欢的文具。特别注意,关于"我最喜欢的文具"这一问题,教师应引导学生说出它的特别之处,关注点不是在于其价格昂贵,而要着眼于这个文具代表的意义以及它和学生之间发生的故事,挖掘文具背后的含义。

我的小书包里有_____、_____、_____和_____,我最喜欢的文具是_____,因为它_____。

活动三:分类归纳各类文具

1. 出示各类文具用品名称及图片,学生观察、思考如何分类,并交流分享。

引导学生认识"具"字:铅笔、橡皮、转笔刀是帮助我们学习、增长知识的,我们叫它们"文具";雨伞、雨鞋、雨衣,下雨天可以帮我们避雨,我们叫它们"雨具";镰刀、锄头可以帮助农民伯伯干农活,我们叫它们"农具"。甲骨文中的"具",就像人用双手捧着一个用来盛事物的器皿。

将生活中的文具进行分类。书写用品:铅笔、钢笔、圆珠笔、橡皮、尺子等。学习书本:各科课本、作业本、小簿子等。辅助工具:各科学习工具袋、剪刀、固体胶等。

学生的书包里还可能有水杯、雨伞、市民卡等其他用品,注意提醒学生辨析学习用品(文具)和生活用品的区别。

2. 根据用途将学习用品进行分类并交流其重要作用,进行语言文字的积累与运用。得出结论:在学习生活中,这些学习用品必不可少。

任务二 我会推测

本任务由"揣摩人物说话语气""推测学习用品的遗失之处""举一反三推测东西的'家'"三个学习活动组成,聚焦"根据课文信息作简单推测"这一学习要求,如下图所示:

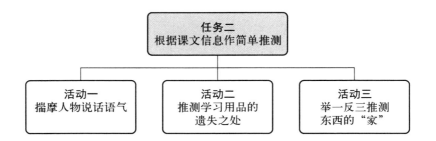

活动一：揣摩人物说话语气

1. 分角色朗读课文，用"〰〰"画出人物说话的内容，学生根据上下文语境及插图人物的表情和动作，揣摩妈妈和贝贝说话的语气。

2. 观察插图中妈妈的表情：睁大了眼睛，张着嘴巴，很吃惊的样子。学生模仿妈妈的表情，练读"你怎么天天丢东西呢"。指导学生读出吃惊、责备的语气。观察插图中的贝贝：眨着一双大眼睛。联系现实生活，从贝贝的表情和动作中体会贝贝自己也弄不清原因、心里无可奈何的感受。

3. 出示妈妈的话："贝贝，你有一个家，每天放学后，你都平平安安地回家，你要想想办法，让你的铅笔、橡皮和转笔刀也回到自己的家呀。"读出亲切、和蔼的语气。联系生活经验，结合生活中妈妈耐心教育的语气，再读对话。

活动二：推测学习用品的遗失之处

1. 结合生活实际，推测学习用品遗失之处。学生自主分享：笔、尺子、橡皮总会掉落在地面或散落在书桌角落；小而薄的本子总会因夹在书籍里而找不到；A4 纸不好好存放容易皱。

2. 小组制订整理计划，进行讨论、归纳、汇报，合作完成分层思维图。主题：如何整理易丢失的学习用品。评选"最细心探索者"。

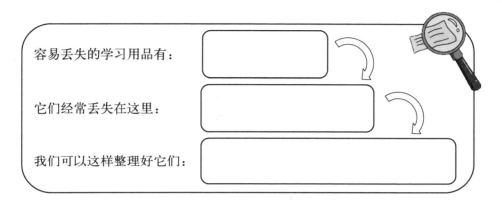

容易丢失的学习用品有：

它们经常丢失在这里：

我们可以这样整理好它们：

学生交流所得：

我们的铅笔、橡皮容易掉落。我经常在书桌底下看见它们。

——杭州市采荷三小 111 班　张泽骏

铅笔盖子、小尺子还会藏在书桌的夹缝里。

——杭州市采荷三小 111 班　郑静姝

我可以把铅笔放在铅笔盒的第一层，把橡皮、尺子、小转笔刀放在铅笔盒的第二层。　——杭州市采荷三小 111 班　朱子轩

活动三：举一反三推测东西的"家"

1. 朗读全文，学生理解：文具的家就是学生们的小书包。引导学生感悟：文具有自己的家，我们要珍爱自己的文具，用完文具后要及时把它们送回家。

2. 举一反三，触类旁通。学生联系生活实际自主分享各类事物的家：水杯的家在水杯架上，玩具的家在玩具箱里，课外书的家在小书柜上，衣服的家在衣柜里，碗筷的家在橱柜里，鞋子的家在鞋架上……

出示例句,学生进行练习:＿＿＿＿＿＿是＿＿＿＿＿的家。

把学生说的句子连起来,形成一首小诗并朗诵。如:

小河是鱼儿的家,

蓝天是白云的家,

森林是小鸟的家,

鱼缸是金鱼的家,

……

天黑了,大家都该回家了。

3. 总结:学生应该学会自主整理和珍惜爱护各种用具,用完后物归原位,养成收纳习惯。举一反三,在学校里能够自主收纳书包,在家里也能够自主收纳其他物品,特别是玩具、书籍、自己的衣物、鞋子等。

任 务 三 我 会 运 用

本任务由"自主设计书包收纳方案""小组内分享书包收纳方案""评选最优书包收纳方案"三个学习活动组成,三个学习活动具有顺承性,如下图所示:

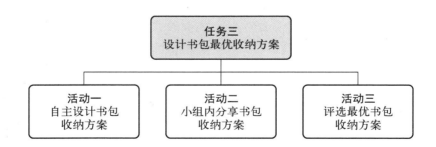

活动一:自主设计书包收纳方案

学生结合生活实际,自主设计书包收纳方案。由于一年级的孩子识字量不多,可以用拼音和简笔画代替部分难写的字。学生可尝试运用"先……接着……然后……最后……"这样的句式将书包收纳方案介绍清楚。

学生思考成果：

　　我有五支漂亮的铅笔。我的铅笔盒很特别，可以把铅笔卡在上面的小圆圈里，铅笔盒刚好有五个小圆圈，我一数就知道铅笔有没有丢了。整理好后再把铅笔盒放回书包里。

——杭州市采荷三小 111 班　杨舒然

　　水杯和雨伞都可以放在书包两边的小袋子里，一边一个，刚刚好！

——杭州市采荷三小 111 班　张米娅

　　我的小本子——口算本、听写本、抄写本……这些都可以放到书包前面的小袋子里。本子小小的，袋子也小小的，我觉得它们最适合放在这里了。

——杭州市采荷三小 111 班　徐凯泽

教师点评及引导：

　　把我们的文具都放到合适的位置，才能让我们的书包变得更加整齐。

　　书包的空间有大有小，我们可以先思考大的东西放在哪里。这样才能够合理使用书包的空间。

　　铅笔盒里面的文具比较小，我们更应该仔细整理。

　　一些物品不属于文具，但是我们也需要每天带到学校，小朋友们也要及时收纳到书包里哟！

活动二：小组内分享书包收纳方案

　　学生把自己设计的书包收纳方案和小组同学交流，小组选出最优书包收纳方案在班级进行分享，在学习单上的投票环节中记录同学书包收纳方案的优点和自己的设计需要改进的地方。将最优方案奖章贴在你最喜欢的方案上。

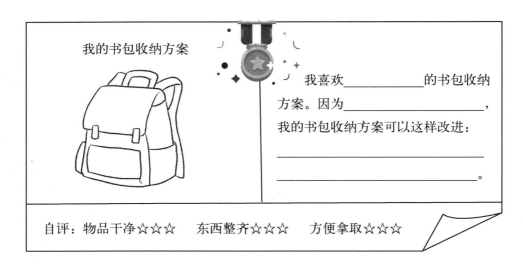

我的书包收纳方案

我喜欢_____的书包收纳方案。因为_____，我的书包收纳方案可以这样改进：
_____
_____。

自评：物品干净☆☆☆　　东西整齐☆☆☆　　方便拿取☆☆☆

活动三：评选最优书包收纳方案

1. 将收纳方案进行实践、运用，举行书包收纳比赛。

2. 朗读书包收纳儿歌，在学前、学后的书包整理环节，全班边诵读边收纳书包。

小小书包作用大，我来把它整理好。
看课表，拿好书，根据大小层层放。
作业本，最上层，交给老师不忘记。
空水壶，餐巾纸，袋袋里面来安家。
文具盒，准备好，我们学习离不了。
最后放本课外书，高高兴兴把学上。

3. 把班级学生书包收纳方案和比赛照片陈列在班级展示柜，邀请家长、同学点评，由大众评委评选出最优书包收纳方案，然后在班级进行展示。

（二）活动建议

1. 教学时间：2课时。

本任务建议用2课时。任务一用1课时完成,任务二和任务三共用1课时完成。提醒学生在学习之前要准备好充分的学习材料。

2.注意事项。

任务一关注学习用品名称,在认读的过程中提升学生的学习兴趣,在生活识字的基础上渗透识字方法。教师在任务二、任务三的教学过程中应鼓励学生自主创新,在不断修改与进步中挖掘学生的识字兴趣与设计潜能。

五、资源与运用

练 习 与 测 评

一、我认识这些文具用品。(连一连图片和名称)

橡皮   尺子   转笔刀   美工刀   铅笔

二、我能组新字。

　　　　①平　　②新　　③仔　　④她　　⑤每　　⑥查

亲＋斤＝_____（　　）　　　　女＋也＝_____（　　）

亻＋子＝_____（　　）　　　　木＋旦＝_____（　　）

海－氵＝_____（　　）　　　　苹－艹＝_____（　　）

三、我能读好这些话语。

1. 妈妈说:"你怎么天天丢东西呢?"(吃惊、责备)。

2. 贝贝眨着一双大眼睛,对妈妈说:"我也不知道。"(无奈、无辜)

3. "贝贝,你有一个家,每天放学后,你都平平安安地回家,你要想想办法,

让你的铅笔、橡皮和转笔刀也回到自己的家呀。"（耐心、亲切）

我给自己的朗读打星：☆☆☆☆☆

四、我能创作一首小诗。

_____是_____的家，

_____是_____的家，

_____是_____的家，

_____是_____的家，

天黑了，大家都该回家了。

课 后 活 动

举办一年级书包收纳比赛，比赛步骤设计如下：

1. 老师把学习用品全放在桌子上，打乱顺序，听到老师的指令后，学生开始整理。

2. 在比赛的过程中，同学们以最快速度把课本、文具、水杯、雨衣等学习用品和生活用品分类整理好。

3. 在整理完书包的基础上，看谁的书包整理得最有条理、动作最迅速。

4. 学生收纳结束后，上台介绍自己的收纳思路和方法，并和同学们分享自己独特的收纳小技巧。

5. 评选最佳收纳师，颁发奖章。

（编写人：浙江省杭州采荷第三小学教育集团笕正校区　季珍妮）

第5讲　遨游汉字王国之"美味的"汉字

——统编教材一年级下册"语言文字积累与梳理"
学习任务群设计

➡ 一、主题与内容

（一）主题的确立

"语言文字积累与梳理"任务群第一学段要求学生"认识家庭生活、学校生活、社会生活中的常用字"，统编教材一年级下册第六单元的语文要素是"充分调动学生的生活经验，联系生活实际了解词语的意思"。《语文园地六》的"展示台"中呈现了许多食品包装纸上的汉字，如食品名称、食品日期、食品原材料等，恰恰体现了联系生活实际了解词语意思的方法。

一年级下学期的学生，已经有了一个多学期的识字经验，对于生活识字也有了一定了解。在此基础上，对于"如何寻找规律，认识食品生字""如何理解食品包装纸上汉字的具体含义"等问题，若不加以梳理、探究，学生就只会粗略地认读食品包装纸上的汉字，无法深入思考，了解其中的意义，也就无法总结包装纸上的汉字规律。

基于课标、教材和学生学情，本任务的学习主题确定为："美味的"汉字。旨在引导学生通过观察食品包装纸进行生活识字，并从各类食品包装中进行汉字梳理和探究，从而学会对生活中食品类汉字进行积累与运用。

（二）内容的组织

1. 统编教材一年级下册《语文园地六》"展示台"。

本单元的语文要素是"充分调动学生的生活经验，联系生活实际了解词语的意思"。此处的生活实际特指社会生活实际——认识食品类常用字。主要内容有：对食品包装上的汉字进行认读，联系生活了解这些汉字的具体含义，同时对其进行分类、梳理与探究。

2. 学生已有的经验。学生在阅读过程中已经尝试过生活识字，对于生活中常见的食品类汉字相对熟悉，也对食品类汉字十分感兴趣。

⊃ 二、目标与评价

（一）目标

一年级下学期的学生，在积累了一定的食品类汉字基础上，能够结合实际生活进行基础梳理与探究，但如何梳理食品包装纸上的简单生字，并将其进行运用，学生还未掌握具体可操作的方法。

基于以上分析，本任务的学习目标确定为：

1. 通过收集、梳理食品包装纸上的食品名称和原材料等内容，认识、积累"美味的"汉字，自主学习生活中常用的食品类汉字，并进行分类。

2. 借助生活经验理解食品包装纸上难懂的词语。

3. 依据所学内容，小组合作设计一份小点心食品卡，进行评选。

（二）评价标准

创设真实的评估情境，评价学生学习的效果，并进行等级评价，观察学生的任务完成进度与成果。

1. 评价说明。

本学习任务的评价体现了学生学习"过程性"和"成果性"的统一。

"美味的"汉字学习任务评价表一的第一部分，评价学生在完成学习任务过程中的态度和交流、合作、思考能力等；表一的第二部分关注学生学习思维的形成，即通过多种识字方法积累、梳理食品包装纸上的常用字，联系生活实际了解其具体的含义；表一的第三部分观察学生在学习后是否能将课堂知识运用于实践，达到学以致用的效果。

"美味的"汉字学习任务评价表二则是根据具体的学习活动达成的目标进行

细化评价。评价表分 A、B、C 三个等级,增加了可视化的知识、能力增长记录,综合运用自我评价、小组互评、教师评价,对学生学习任务的完成度进行全面评价。

2. 评价表。

"美味的"汉字学习任务评价表一

评价维度		评价标准	学前评价	学后评价	
			自评	互评	师评
态度	A	主动学习,积极探索,团结协作,乐于分享,勇于挑战。			
	B	认真学习,努力探索,参与合作与分享,完成学习任务。			
	C	对学习任务认识一般,学习过程中经常需要提醒,学习主动参与性有待提高。			
思维	A	能够主动通过多种识字方法积累、梳理食品包装纸上的常用字,联系生活实际了解其具体的含义。			
	B	能够通过多种识字方法积累、梳理食品包装纸上的常用字,联系生活实际了解其具体的含义。			
	C	不能通过多种识字方法积累、梳理食品包装纸上的常用字,不能联系生活实际了解其具体的含义。			
实践	A	能够自主将课堂知识运用于实践,并在实践的过程中积累与梳理语言文字,学以致用。			
	B	能够在教师的引导下,将课堂知识运用于实践,并在实践的过程中积累与梳理语言文字,学以致用。			
	C	不能将课堂知识运用于实践,不能在实践的过程中积累与梳理语言文字。			

"美味的"汉字学习任务评价表二

评价维度		评价标准	学前评价	学后评价	
			自评	互评	师评
任务一	A	能够收集合适的食品包装纸,运用多种方法认读食品名称,讲清楚食品的味道,并能够创造性地为自己最喜爱的小点心取名,向其他同学介绍。			
	B	能够收集到食品包装纸,运用多种方法,在同伴的帮助下认读食品名称,说出食品的味道,并能够为自己最喜爱的小点心取名。			
	C	不能收集到食品包装纸,不能运用多种方法,或在同伴的帮助下认读食品名称,不能为自己最喜爱的小点心取名。			
任务二	A	能够科学又准确地分类积累食品信息,了解食品包装纸上各个部分的作用,读好营养歌。			
	B	能够分类积累食品信息,在同伴的帮助下了解食品包装纸上各个部分的作用,读通营养歌。			
	C	不能分类积累食品信息,不能在同伴的帮助下了解食品包装纸上各个部分的作用,无法设计一份食品包装纸的配料表,不能读好营养歌。			
任务三	A	能够根据所学,自主设计小点心食品卡,在欣赏同伴的设计后对自己的设计进行更新与改进,设计的小点心食品卡获得同伴的认同。			
	B	能够根据所学,以小组的形式合作设计小点心食品卡,在欣赏同伴的设计后进行更新与改进。			
	C	不能根据所学以小组的形式合作设计小点心食品卡。			

（一）情境设计

小朋友们，生活是一本大书，处处藏着汉字。小面包、小饼干、纯牛奶、巧克力……这些都是我们喜爱的美味小点心。班级食品超市开张了！你们知道食品包装纸上都藏着哪些汉字吗？我们一起收集包装纸认一认吧！遇到第一次见的汉字，可以运用不同的识字方法认读，也可以问问你的同学。如果碰见不能理解的汉字，可以互相交流、询问同学，也可以求助字典老师哦！

（二）任务设计

本次学习主题是"'美味的'汉字"，主任务是"为最喜爱的小点心设计一份食品卡"，从识字、梳理、积累到运用，分为三个任务、九个活动来进行学习。

任务一是"我会认读"，旨在让学生通过生活识字认读食品包装纸上的名称，并将其进行归类梳理，如食品命名的方式有"以食物名称命名""以味道口感命名""以颜色命名"等。

任务二是"我会梳理"，结合食品包装纸上的生产日期、保质期、原材料、能量表等各个部分进行积累和梳理，理解各部分的含义及对应功能。

任务三是"我会运用"，根据梳理出来的食品包装袋，试着设计一份小点心食品卡，并进行评选。任务如图所示：

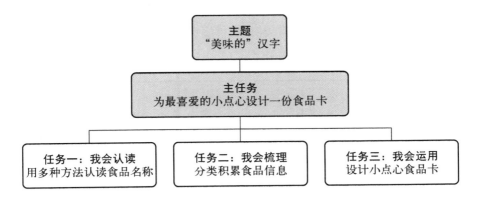

（一）活动设计

用多种方法认读食品名称、分类积累食品信息、设计小点心食品卡这三个任务层层递进，引导学生从认读、积累、梳理、运用四个方面进行识字，提升识字兴趣，发现语言规律。

任务一　我会认读

本任务由"收集各类食品包装纸""交流识读食品名称""分类归纳食品命名规律"三个学习活动组成，如下图所示：

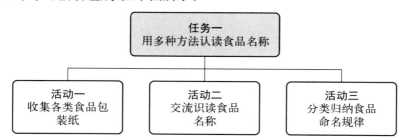

活动一：收集各类食品包装纸

班级小超市的零食区域有各种各样的货架，如饮料货架、饼干货架、糖果货架、果冻货架等。学生选择任意货架，收集自己喜爱的食品的包装纸，并将其名称裁剪下来，贴在预学单上的购物袋内，也可以选择几种自己平时喜欢的小点心（三至五种零食），将名称贴在购物袋上。

饮料货架：茉莉花茶、果粒橙、冰红茶……
饼干货架：手工曲奇饼干、夹心饼干、果仁花生饼干……
糖果货架：棒棒糖、夹心软糖、棉花糖、跳跳糖……
果冻货架：白桃果冻、小熊Q弹果冻、西柚布丁果冻……
面包货架：奶油面包、法式小面包、切片面包……

活动二：交流识读食品名称

1."打开"购物袋，自由认读自己喜欢的食品的名称，有不认识的生字可以结合生活经验猜读，用查字典、看图识字等形式进行自主认读与学习，也可以通过同桌互助、小组合作的形式进行食品名称的认读。

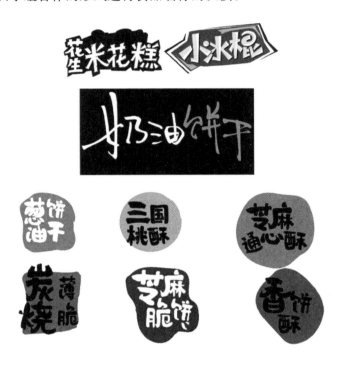

2. 将购物袋中的食品名称在小组中内进行交流与分享。教师提供表示味道（口感）的词语：酸酸甜甜、甜滋滋、脆生生、香喷喷、软糯、酥脆、香脆可口、香甜、回味无穷……

> 我的购物袋里有_____、_____和_____，我最喜欢的是
> _____，因为它的味道（口感）_____。

活动三：分类归纳食品命名规律

1. 出示各类食品名称，学生自主观察这些食品名称有什么特点，并在小组内进行交流，发现其中的规律后在全班进行分享。

以原材料命名的食品名称：茉莉花茶、果仁花生饼干、西柚布丁、奶油面包等。

以口感和味道命名的食品名称：酸奶、甜甜圈、妙脆角、酥饼、酸角糕等。

以生产地域命名的食品名称(地域传统食品)：瑞士糖、阿尔卑斯糖等。

……

2. 根据找到的食品命名规律为最喜欢吃的小零食设计一个吸引人的名称，在班里进行分享。教师在黑板上板书名称，每个学生根据自己的喜好投票选出最喜欢的小零食名称。

学生讨论成果：

我们给这个蛋糕取了一个好听的名字，它叫奶香甜甜糕，因为它是牛奶和鸡蛋做成的，闻起来特别香。

——杭州市采荷第三小学111班　秦天睿

我们的小饼干叫作脆香圆，它尝起来脆脆的，闻起来香香的，而且它是一个小小的圆形，所以这么叫。

——杭州市采荷第三小学111班　杨舒然

这个布丁的名字叫弹牙小布丁，它非常软，咬一口，很有弹性。

——杭州市采荷第三小学111班　王振轩

我们把蓝莓味的沙冰叫作海之星，因为它的颜色就像大海一样，吃完以后我感觉很快乐。

——杭州市采荷第三小学111班　宋泽一

我们的这个巧克力叫项轶涵牌巧克力，因为这是我手工制作的。

——杭州市采荷第三小学111班　项轶涵

龟苓膏的名字很复杂，同学们看不懂，我们给它取名黑色果冻。

——杭州市采荷第三小学111班　游心睿

任务二 我 会 梳 理

本任务由"认读包装上的生字""理解交流各部分的含义""梳理原材料生字"三个学习活动组成,如下图所示:

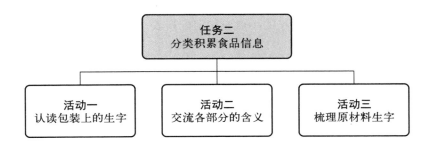

活动一：认读包装上的生字

1. 出示纯牛奶食品包装纸,用"□"将各部分内容圈画出来,学生自主将其文字区域进行划分,交流划分依据。

纯牛奶食品包装纸大致可分为以下几个区域:食品名称、生产日期/保质期、原料、能量表、质量等,其中有些内容是不能缺的,有些内容是可以适当省略的。要特别关注食品包装纸上的质量安全符号,适当让学生进行课外拓展学习。

2. 学生进行大致的区域划分后,再分部分进行认读,进行"课外生字摘果子"小游戏,小组内交流认读困难的生字。

活动二：交流各部分的含义

1. 自主思考各部分的含义。

2. 交流各部分含义。

小组进行汇报:食品名称就是它的名字;生产日期就是这份食品在这一天生产的;保质期表示在这一天之前都可以食用;配料表表示这个食品是用哪些原材料制作的;质量表示这个食品有多重……

教师在指导的过程中,应当特别关注学生的语言积累尤其是生字的积累,有些难懂晦涩的生字(如原料表中的添加剂名称)不必刻意让学生认读。同时也要提醒学生,尽量食用新鲜的食品,少吃添加剂很多的高油、高糖食品,要健康饮食。

活动三:梳理原材料生字

1. 学生自主观察配料表中的生字。

配料表大致可分为两部分,即原材料和调味料。联系生活和图片,学生自主认读生活中常见的食品原材料和调味品。

2. 根据所学,为最喜欢吃的小点心制定配料表。

> 我们小组推荐的小点心是_____,它主要由_____、
> _____和_____做成,我们还加入了_____和_____
> ____,让它的味道更加_____。

小组合作,选取代表发言。教师相机提供食材与调料的图片和名称,学生自主选择,朗读后将图片贴在配料表中,并讨论这样的选择是否科学、合理。

朗诵营养歌,理解我们所需要摄入的营养物质。

> **营养歌**
>
> 白米饭,香喷喷,蔬菜水果味道好,
> 豆奶制品不可缺,畜禽肉类要适量,
> 早睡早起勤锻炼,身体健康长得高。

3. 比一比哪个小组的小点心既美味又健康,奖励"安心吃"奖章。

任务三　我会运用

本任务由"设计小点心食品卡""小组内分享小点心食品卡""展示小点心食品卡"三个学习活动组成,如下图所示:

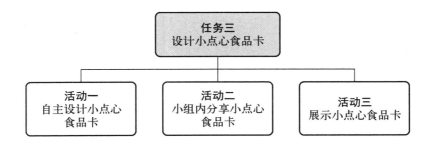

活动一：自主设计小点心食品卡

学生结合生活实际，选择自己喜欢的小点心，自主设计小点心食品卡。由于一年级下学期的学生识字量不多，可以使用拼音和图画代替部分难写的字。活动过程中应鼓励学生自主进行语言积累，并相机进行表扬。

活动二：小组内分享小点心食品卡

学生把自己制作的小点心食品卡和小组同学分享、交流，选出每个小组"最美味""最新鲜""最独特"的食品卡在班级分享交流，在学习单上的投票环节中记录同学食品卡的优点和自己的设计需要改进的地方。

> 我喜欢_____的食品卡设计。
>
> 因为_____。
>
> 我的食品卡可以这样改进：_____。

联系课外资料，出示 12 个获国际大奖的食品包装设计，思考为什么它们让食品看起来很好吃。

活动三：展示小点心食品卡

把班级学生"小点心食品卡"陈列在班级展示柜，倡议家长和同学跟进分享、点评。在渗透生活识字、绿色饮食的同时评选出最具吸引力的小点心食品卡，为广受好评的学生作品进行表彰。后续可以进行班级展示，让学生相互学习。

（二）活动建议

1. 教学时间：3 课时。

本任务建议用 3 课时。任务一用 2 课时完成,任务二和任务三共用 1 课时完成。

2.注意事项。

(1)任务一关注食品名称,在认读的过程中提升学生的学习兴趣,在生活识字的基础上渗透识字方法。学生运用看图猜字、组词识字、字族识字、联系生活识字、查字典识字等多种方式进行自主学习探究。

(2)在任务二与任务三的教学过程中鼓励学生自主创新,在不断的借鉴与修改中激发学生的识字兴趣与设计潜能。

五、资源与运用

1.设计并完善小点心食品卡。

2.以喜欢的方式将自己喜欢的小点心分享给别人,可以是做点心介绍小报,也可以是做小点心明信片等,并将优秀作品放在教室展示。

(编写人:浙江省杭州采荷第三小学教育集团笕正校区　季珍妮)

第6讲　自然万物中的汉字

——统编教材二年级上册识字单元"语言文字积累与梳理"
学习任务群设计

➡️ 一、主题与内容

（一）主题的确立

本单元主题的确立,主要从教材体系和单元内容两个方面审视。

1. 从教材体系看。

识字单元是统编教材低年级中出现的一种特殊的学习单元。一年级每册两个识字单元,二年级每册一个识字单元。学生借助识字单元,不仅要识记单元课文里要求认识的生字、会写要求书写的汉字,还要掌握识字的方法。统编教材对识字单元的定位是:通过两年的识字单元学习,学生能掌握常用的识字方法,进行自主识字。从三年级开始,教材就不再编排识字单元,把语文学习的重心转向阅读和习作。因而,开展识字单元的"语言文字积累与梳理",有着特殊的重要意义。

2. 从单元内容看。

（1）识字写字。

二年级上册第二单元的主题是"识字",课文内容都是大自然中的场景、事物,以"场景""树木""动物""农事"为主题,编排了4首歌谣,串联起55个会认字、2个多音字和40个会写字。旨在借助这些富有韵味的歌谣,引导学生在不同的语境中识字、学习,体验语言的音韵美和节奏美。

本单元是识字单元,教学重点在识字、写字上。本单元的生字大多是形声字,应重在引导学生发现汉字规律,运用形声字形旁表义、声旁表音的特点归类识字,鼓励学生运用已经掌握的识字方法自主识字。要求会写的 40 个汉字中,25 个是左右结构的,6 个是上下结构的,其余属独体字、全包围结构等。

本单元识字内容的安排,与《义务教育语文课程标准(2022 年版)》对第一学段的内容"认识有关……自然万物等方面的常用字"是吻合的。会写字亦可按不同结构进行归类梳理,让学生发现这些汉字的主要特点,再进行分类书写。

(2)儿歌积累。

通过本单元课文的学习,学生亲近自然,初步感受大自然的丰富美妙,产生对大自然的向往、喜爱之情。《场景歌》借助意义相连、语义相关的数量词勾勒出了 4 个场景里的事物,一组数量词一种事物,一个场景一幅风景画。《树之歌》从"形状""颜色""喜好""价值"等方面介绍了祖国大江南北常见树木的不同特点。《拍手歌》是根据传统歌谣进行改编的儿歌,渗透爱护、保护动物的意识。《田家四季歌》展现了乡村四季美景,介绍了一年里的农事活动。

第一学段"语言文字积累与梳理"任务群的学习内容里,也明确提出"诵读、记录课内外学到的成语、谚语、格言警句、儿歌、短小的古诗等,感受中华优秀传统文化,养成自主积累的习惯"。可见,单元内的儿歌也是语言文字积累的重要内容。

基于以上认识,本单元的主题确立为"自然万物中的汉字"。

(二)内容的组织

本单元的教学内容,可由以下几个部分组成:

1. 统编教材二年级上册识字单元的 4 篇课文。

这 4 篇课文是本次语言文字积累与梳理的核心教学内容。单元里要求认识的生字,学生要能准确认读,掌握识字方法,能背诵单元课文;与课文生字或内容相关的语言材料能够读读记记、说说写写、主动积累。

2. 与自然万物相关的汉字、词语和谚语等。

(1)课文后面要求读一读、记一记的相关词语、短语和谚语。

(2)学生课外自主识记、积累的与自然万物相关的汉字、短语和谚语等。

3. 学生已有的识字方法及本单元重点学习和巩固的借助形声字规律、同部件汉字归类识记等识字方法。

本单元除了识字、写字、积累相关语言材料外,学生还要通过朗读儿歌,感受大自然的丰富和奇妙,对大自然产生喜爱之情。同时,因为是借助任务群形式来开展学习的,完成任务的过程中,学生还需要沟通和协作,发展交往能力。因而,本单元的学习目标与评价细则见下表:

单元学习目标	单元学习评价
1. 运用形声字规律、同部件归类识字、图文结合识字等方法,识记本单元 55 个生字,读准 2 个多音字,发展自主识字能力。	1. 优秀:能运用相应的识字方法识记生字,错误在 3 个以内。 2. 良好:能运用相应的识字方法识记生字,错误在 3—6 个之间。 3. 合格:基本能运用相应的识字方法识记生字,错误在 7—10 个之间。 4. 待评:不能运用相应的识字方法识记生字,错误在 10 个以上。
2. 通过按结构归类整理、观察比较等方法,学写 40 个汉字,发展自主写字能力。	1. 优秀:能通过归类整理等方法书写汉字,书写正确,结构匀称,有笔锋。 2. 良好:能通过归类整理等方法书写汉字,错误在 1—2 个之间,结构比较匀称,基本能写出笔锋。 3. 合格:基本能通过归类整理等方法书写汉字,错误在 3—6 个之间,结构和笔锋较为欠缺。 4. 待评:不能通过归类整理等方法书写汉字,错误在 7 个以上,结构和笔锋欠缺。
3. 抄写本单元 28 个词语,读记课后短语及谚语,背诵《场景歌》《树之歌》《拍手歌》《田家四季歌》,丰富语言材料,初步养成自主积累的习惯。	1. 优秀:能正确书写和积累相关词语、短语和谚语,能熟练背诵 4 首儿歌。 2. 良好:能正确书写和积累相关词语、短语和谚语,能背诵 4 首儿歌。 3. 合格:基本能书写和积累相关词语、短语和谚语,基本能熟练背诵 4 首儿歌。 4. 待评:不能书写和积累相关词语、短语和谚语,不能熟练背诵 4 首儿歌。

单元学习目标	单元学习评价
4. 了解数量词的不同用法，能在生活中恰当运用数量词，发展语言表达能力。	1. 优秀：能了解数量词的不同用法，并能准确运用。 2. 良好：能了解数量词的不同用法，并能运用，基本不出错。 3. 合格：基本能了解数量词的不同用法，并能运用，基本不出错。 4. 待评：不太能了解数量词的不同用法，运用比较困难。
5. 初步了解不同树木的基本特点和四季农事，懂得动物是人类的朋友，感受农民的辛勤劳作和丰收的喜悦，借助文中的语言句式写一句儿歌表达对大自然的喜爱之情。	1. 优秀：能了解儿歌主旨，能用文中的句式写一句儿歌表达对大自然的喜爱之情。 2. 良好：能了解儿歌主旨，基本能用文中的句式写一句儿歌表达对大自然的喜爱之情。 3. 合格：基本能了解儿歌主旨，不太能用文中的句式写儿歌表达对大自然的喜爱之情。 4. 待评：不太了解儿歌主旨，不能用文中的句式写儿歌表达对大自然的喜爱之情。
6. 完成任务的过程中，愿意遵守规则，与他人沟通和协作，发展人际交往能力。	1. 优秀：愿意遵守规则，能主动与他人进行良好的沟通和协作。 2. 良好：愿意遵守规则，能与他人进行良好的沟通和协作。 3. 合格：不太愿意遵守规则，与他人进行沟通和协作有点困难。 4. 待评：不太愿意遵守规则，不能与他人进行沟通和协作。

三、情境与任务

（一）情境设计

本单元的情境设计基于学生真实的学习生活需要，以低年级学生喜爱比赛的心理为出发点，设计"自然万物识字擂台赛"。导语如下：

小朋友 经过一年多的语文学习，你们已经掌握了很多识字方法，认识了不少汉字。这个单元的学习，就让我们走进广阔的大自然，从自然万物中认识更多的生字。单元学习结束后,我们要组织一次"自然万物识字擂台赛",比一比谁的识字方法好,认识的汉字多。你们想成为"识字小擂主"吗?

(二) 任务设计

围绕"自然万物中的汉字"学习主题,以"争做识字小擂主"为学习总任务,设计三个学习任务。

任务一是"识字方法我知道",学生借助以往学习过的识字方法,按"自然万物"这一主题,尝试归类梳理自己课内外认识的和自然万物相关的汉字,并梳理这些汉字的识记方法。

任务二是"识字方法我会用",学生借助 4 篇课文的学习,借助多种识字方法,识记 50 个生字,读准 2 个多音字,会写 40 个汉字。

任务三是"归类识字擂台赛",学生归类梳理本单元的生字,补充自己借助识字方法课外识记与"自然万物"相关的其他汉字,开展识字擂台赛。

这三个学习任务前后连贯,任务一重在启动先备知识,为任务二的完成做好知识和情感的准备;任务二重在实践中运用多种识字方法,尤其是借助形声字规律识字和同部件归类识字,进行重点练习,为任务三的完成提供了方法和技能保障;任务三是评价性任务,重在考察本单元任务的完成效果。本单元建构的学习主题统领下的任务结构及每个任务在语言文字积累和梳理方面的侧重点如图所示:

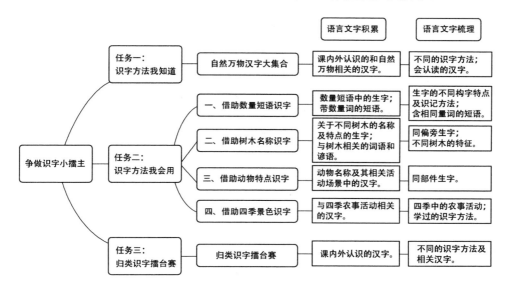

（一）活动设计

任务一　识字方法我知道

经过一年多的语文学习,我们认识了不少汉字,还学到了很多识字方法。前两天,我们领到了一个任务:选一个自己熟悉的自然场景,说说里面的事物,认认事物名称或与事物相关的汉字,并做成字卡或词卡,再想想认字的方法。今天这节课,我们就来看看谁认识的汉字多,运用的识字方法巧妙。这次"自然万物里的汉字"汇报的主题就叫"识字方法我知道"。

活动一:示范学习,梳理识字方法

1. 说一说:事物名称及相关内容。

请一位学生上台呈现自己选取的与自然万物相关的场景图片,说说里面有哪些事物,也可结合说说事物特点的词语等。

学生通过实物投影,呈现如下图片:

学生讲述的词语有:莲叶、荷花、水珠、粉红色、绿色、亮晶晶。

把相关的词卡放在图片相应的位置上。

2. 补一补：图片上其他事物与内容。

一学生补充："还有荷叶的茎。"教师指导："对，这就叫莲茎或荷梗。"教师把"莲茎"一词写在空白词卡上，并放到图片莲茎处。

该生又补充："莲茎上有刺。"教师即把"刺"写在空白词卡上，并放到"莲茎"一词的旁边。

实物投影上的图片和词语呈现如下：

3. 认一认：词卡上的汉字。

请学生带读、认读词卡上的汉字。

4. 理一理：根据识字方法把上面的汉字归归类。

根据以上汉字的字形特点，重点对形声字进行归类整理，并回顾形声字"声旁表音，形旁表义"的特点。

交流其他识字方法，根据学生的现场回答，随机记录，如"晶"字，运用会意字规律识记；如"色"字，可组"颜色、色彩"等词语。

活动二：迁移学习，小组分享自己认识的汉字和识字方法

根据示范学习的步骤，小组内轮流说一说自己图片里的事物名称及相关词语，同学补充，再对认识的生字进行归类，说一说识字方法。

活动三：全班汇报，盘点部分汉字，梳理识字方法

重点交流黑板上未呈现的识字方法及相关汉字。

梳理呈现学生已有的识字方法，大致如下：运用形声字规律识字、组词识字、联想识字、借助读音识字、图文对应识字等。

任务二　识字方法我会用

　　小朋友,通过第一个任务,我们回顾梳理了很多识字方法,并借助这些识字方法,复习巩固了一些汉字,也新认识了一些汉字,识字方法真是我们学习识字的法宝呢! 这个单元,就让我们走进大自然,用上识字方法去认识更多的生字。

一、借助数量短语识字

活动一:场景名称我知道

1. 读一读。

学生自由读课文,争取把课文读正确、读流畅。

通过个别读、同桌互读、检测读等方式,检查朗读情况。

2. 想一想。

儿歌有 4 个小节,每小节各描绘了 4 种景物,构成了 4 幅场景图。这 4 幅场景图分别可以取什么名字? 选一选,填一填。

(1) 田园风光图　(2) 少先队员出游图　(3) 公园景色图　(4) 沙滩风景图			
第 1 小节	第 2 小节	第 3 小节	第 4 小节

活动二:场景事物我认识

1. 学习第一个场景中的事物。

(1) 圈出"沙滩风景图"里的事物名称,图文对照读准"滩、军、舰、帆"等生字,归类识记。如:

运用形声字规律识记:滩、舰、帆。

组词识记:滩(沙滩、海滩、滩涂),帆(帆船、帆布、扬帆起航),军(军舰、军队、军人)。

(2) 认读第 1 小节中积累的生字及相关词语,梳理识字方法。

2. 迁移学习其他三个场景中的事物。

（1）其他三个场景中，又写到了哪些事物？在文中圈出来。

（2）记一记事物名称中的生字，梳理识字方法。如：

运用形声字规律识记：稻、园、翠、铜。

组词识字：号（铜号、号角、呼号、口号）。

结合生字识记，积累相关词语。

活动三：事物量词我会用

1. 找一找。不同的事物，要用不同的量词。文中的事物分别用了什么量词呢？圈画出来。

2. 记一记。记一记量词里的生字，并说一说是用什么方法识记的。如：

同偏旁归类识记：艘、舰。

字义归类识字：艘、舟。

结合生字识记，积累相关词语。

3. 说一说。

（1）用上量词说一说某种事物。

（2）借助照片或图片，仿照课文，用上量词说一说场景中的事物。

活动四：写一写数量短语

1. 把会写字读一读，归归类。归类情况如下：

左右结构：桥、队、铜、领、孔、群、旗。

上下结构：号。

全包围结构：园。

独体字：巾。

2. 观察比较，关注难写之处和易错之处，重点练习。

3. 用上数量词，仿照课文，写一写场中的事物。

二、借助树木名称识字

活动一：树木名称我知道

1. 读一读。自由读课文，争取把课文读正确、读流畅。

通过个别读、同桌互读、检测读等方式，检查朗读情况。

2. 想一想。儿歌里介绍了哪些树木？把它们的名称圈出来。

3. 记一记。记一记树木名称里的生字。

运用形声字规律识记：梧、桐、枫、松、柏、桦、杉、桂。

结合生活识记：银（中国银行、工商银行、大楼的外墙是银白色的）。

结合生字识记，积累相关词语。

活动二：树木特点我知道

1. 找一找。这些事物都有什么特点？在文中圈画出来。

2. 记一记。记一记事物特点里的生字。如：

运用形声字规律识记：掌、装、化。

字义理解识字："耐"的意思是经受得起，忍受得住，理解意思后组词"耐寒、耐热、耐旱、忍耐"等。

组词识字："守"，"守护、守住、守卫"等。

字源探析识字：疆，左边的"弓"借代武器、武力，"弓"里的"土"借代大地，右边的"畺"强调领地的外围地带、领地的边界。"疆"字本义是用武力护卫的国界、边境地带。

结合生字识记，积累相关词语。

活动三：树木品质我学习

1. 读一读。

不同的树木有不同的特点，人们结合树木的特点、种植过程中的体验等，总结出了很多和树木相关的谚语。读一读课后的谚语。

2. 想一想。每句谚语想告诉我们什么？

十年树木，百年树人：比喻培养人才是长久之计，也表示培养人才很不容易。

树高百尺，叶落归根：树长得再高，落叶还是要回到树根，比喻离开故土时间再长，最终还是要回归故土。

树无根不长，人无志不立：树木失去根基就不会再生长，人没有志向就不会有大的作为，说明人要有远大的志向才能取得大的成就。

3. 背一背。把三句谚语读熟并背诵，进行积累。

4. 找一找。找一找其他和树木相关的谚语，想一想它的意思，整理在表格里。

和树木相关的谚语	
谚语摘录	我的理解

活动四：树木名称我会写

1. 读一读会写字,归归类。归类情况如下:

左右结构带木字旁的字:杨、桐、松、棉、枫、柏、杉、桂。

左右结构其他偏旁的字:化、壮。

2. 观察比较木字旁的字,重点指导学生认为最难写的字。

三、借助动物特点识字

活动一：动物儿歌我会读

1. 读一读,标一标。

自由读课文,争取把课文读正确、读流畅,读完后给儿歌标上小节号。

2. 读一读,记一记。通过个别分小节朗读,检查正音,识记部分生字。

(1) 理解语义识记。识记"世界",积累"动物世界、植物世界"等词语;识记"丛",积累"草丛、花丛"等词语。

(2) 联系旧知识记。"深",想到水很深,联想到《语文园地》里学过的《赠汪伦》里的诗句"桃花潭水深千尺"。

(3) 联系字形识记。看字形、猜字义、做动作识记"翔"。联想识记"休"。

活动二：动物名称我认识

1. 读一读,圈一圈。轻声读儿歌,边读边圈出小动物名称的词语。

2. 记一记,分分类。

(1) 认读 8 个动物名称的词语:孔雀、锦鸡、雄鹰、雁群、猛虎、黄鹂、百灵、熊猫。

(2) 分类识记动物名称里生字。

同部件归类识记"鹊、雄、鹰、雁",观察"隹"字的演变过程,理解"隹"的意思。

迁移运用,拓展学习,归类识记"鸡、鹂、鹅"。

理解字义,识记"锦","锦"的意思是色彩鲜明华丽。

提供语境,运用积累的词串:

> 色彩鲜明华丽的衣服就叫（ 锦衣 ）。
>
> 色彩鲜明华丽的云朵就叫（ 锦云 ）。
>
> 色彩鲜明华丽的旗子就叫（ 锦旗 ）。

对比朗读"猛虎""百灵",识记"猛、灵"。

（3）把上面的8种动物分成兽类和鸟类两大类,再认读词语。

活动三:动物新奇我来品

1. 读一读,议一议。

（1）同桌一起读第2小节,讨论:孔雀、锦鸡新奇在哪里? 如果给它们颁奖,该颁什么奖?

（2）反馈:结合孔雀、锦鸡的特点,可以颁"锦衣奖"等。

（3）积累。读好第2小节,并正确背诵。

（4）同桌合作,迁移学习。

同桌一起读第3—7小节,讨论:其他动物新奇在哪里? 如果给它们颁奖,又该颁什么奖?

反馈:根据不同动物的特点,颁发不同的奖项,并背诵相关小节。

2. 读一读,用一用。

（1）读儿歌《奶牛》。

奶牛

肚子大大脖子粗,

喜欢出门散散步,

吃吃青草好幸福,

听听音乐摇屁股。

(2) 用上《拍手歌》里的语言表达形式，试着编一小节拍手歌。如：

你拍八，我拍八，奶牛肚子大又大。

你拍五，我拍五，奶牛脖子粗又粗。

你拍五，我拍五，奶牛出门去散步。

你拍五，我拍五，奶牛乐得摇屁股。

活动四：写一写数量短语

1. 读一读会写字，归归类。归类情况如下：

左右结构：歌、深、猫、朋。

上下结构：六、丛、熊。

半全包围结构：处、友。

独体字：九。

2. 观察比较，关注难写之处和易错之处，重点练习。

3. 在语境中运用汉字。

```
 liù                    jiǔ      péng you
[  ]一儿童节到了，[  ]个小[  ][  ]来到动物园。空中
      xiě                xióng māo        cóng
雁群在[  ]字；竹林里大[  ][  ]在嬉戏；[  ]林里老虎正在
                shēn              gē
睡大觉；你听，树林[  ]处传来优美的[  ]声，是谁在歌唱
```

呢？原来是黄鹂呀。动物世界真奇妙！

四、借助四季景色识字

活动一：走进田家生活

1. 读一读。自由读课文，争取把课文读正确、读流畅。

(1) 通过个别读、同桌互读、检测读等方式，检查朗读情况。

(2) 关注多音字"场""了"，结合字义，据词义定字音。

“场”读第三声时，表示“处所，能适应某种需要的较大的地方”，如“操场、球场、广场、菜场、农场”等。“场”读第二声时，专指“平坦的空地，多半用来脱粒、晒粮食”，如课文里的“稻上场”。

“了”在儿歌中出现了两个读音，“采了蚕桑又插秧”和“一年农事了”，前句表示采桑这个动作已完成，读 le；后句表示一年农事全部结束，读 liǎo。

2. 想一想。一年四季田家的风光各不相同，从儿歌里你领略到了哪些田家风光？和同桌说一说。

活动二：场景事物我认识

1. 学习春季景色。

（1）读一读，圈一圈。

读第 1 小节，圈出春季里的景物：花草、蝴蝶、麦苗、桑叶。

图文结合识记：麦苗、桑叶。

形声字规律识记：蝴、蝶。

（2）读一读，想一想。

再读一读第 1 小节，想一想：麦苗儿为什么会很嫩？桑叶儿为什么会很肥？

积累春季里的农事：施肥、浇水、捉虫、除草、培土等。

（3）积累写春季的这节儿歌。

2. 迁移学习其他三个季节中的事物，了解、积累相关农事。

（1）其他三个场景中，又写到了哪些景物或农事？在文中圈出来。

（2）记一记事物名称中的生字，梳理识字方法。

（3）围绕关键语句，理解农民劳作的繁忙、辛苦和幸福。

采了蚕桑又插秧，说明事情一件接着一件。

早起勤耕作，归来戴月光。说明农民从早忙到晚，披星戴月，早出晚归。

谷像黄金粒粒香：稻谷像黄金，每一粒都散发着香喷喷的气味。说明农民对自己的劳动成果非常满意，很自豪。就如后一句所言“身体虽辛苦，心里喜洋洋”。

（4）积累背诵写夏、秋、冬三个季节的儿歌。

活动三：田家农事我知道

1. 读一读，记一记。读一读，记一记课后练习里的写农事活动的词语。

2. 查一查,问一问。一年四季还有哪些农事?

3. 填一填,说一说。可以通过剪贴、抄写等方式,根据四个不同的季节,把相应的农事填写在下面的表格里。

田家四季农事			
春季农事	夏季农事	秋季农事	冬季农事

4. 想一想,说一说。

从四个季节的农事活动中,你发现了什么?又想到了什么? 如:一年之计在于春;只有辛苦付出,才有幸福生活;农民劳作很辛苦,我们要珍惜粮食,不要浪费等。

活动四:写一写农事活动

1. 读一读会写字,归归类。归类情况如下:

左右结构:肥、忙、吹、归。

上下结构:季、苦、辛。

半包围结构:戴。

独体字:农、年。

2. 观察比较,关注难写之处和易错之处,重点练习。

3. 情境运用。

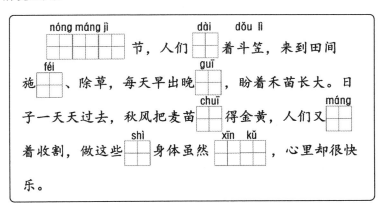

任务三　归类识字擂台赛

小朋友,经过这个单元的学习,我们从自然万物中又认识了很多生字,练习运用了不少识字方法。我们来开展一次"归类识字擂台赛"。

活动一:单元生字大回顾

1. 读一读,圈一圈。借助生字表,自主认读、复习本单元的生字,圈出认读有困难的生字。

2. 认一认,辨一辨。有困难的生字可以请教同学,再认一认、辨一辨,加强记忆。

3. 想一想,用一用。有困难的生字,想一想它们的意思,联系生活用一用,说一个词语或者句子等,加强与生活经验的联系,增强记忆的效果。

活动二:单元生字大梳理

1. 理方法。梳理识字方法,把识字方法做成卡片,标上序号。

2. 归归类。根据不同的识字方法,对单元生字进行归类梳理,标序号即可。

活动三:单元生字认读擂台赛

分组认读单元生字,从准确率和速度两个维度进行比赛,单位时间内认出个数多者胜出。小组胜出者到大组比赛,大组胜出者到班级比赛。

(二) 活动建议

1. 教学时间。

本单元的三个学习任务教学时间建议如下:学习任务一安排在单元学习前,可用灵活运用短课的形式开展;任务二按照教材安排,逐课扎扎实实开展识字教学,4 篇课文用 8 课时完成;学习任务三用 1 课时完成,是单元学习成果检测。

2. 核心知识。

本单元的核心知识主要安排在学习任务二里。学习任务二中每一篇课文的学习,都要紧紧把握住本篇课文的核心知识,抓住核心教学内容,实现核心教学目标。《场景歌》要抓住数量短语进行识字,体会量词的不同用法;《树之歌》要抓住木字旁形声字的构字特点,在比较中识字;《拍手歌》要抓住佳字旁、鸟字旁等同部件的汉字,在识字中理解部件意思;《田家四季歌》要抓住四季农事特点词语的构字规律识记生字。

练 习 与 测 评

一、单元练习。

1.《场景歌》作业。

作业1：选择合适的量词,将儿歌补充完整后,再读给爸爸妈妈听吧。

一（　　）小溪地上跑,

两（　　）白云天上飘,

三（　　）骏马在饮水,

四（　　）鸭子在洗澡。

一（　　）小路弯又弯,

一（　　）翠竹路边站,

一童一笛一（　　）牛,

惊起小鸟四处散。

作业2：选一张自己喜欢的照片或图画,仿照课文,说说上面有些什么。

2.《树之歌》作业。

作业1：在爸爸妈妈的帮助下查找资料,了解更多树木,仿照课文,尝试根据树木特点为它们编一两句儿歌吧。

作业2：积累其他关于树木的谚语,配上画,做成书签,送给同学、朋友或家人。

3.《动物儿歌》作业。

作业1：找一找生活中带有相同部件的汉字,可以用下面这样的图对它们进行整理归类。

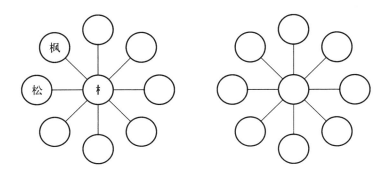

作业2：选择自己喜欢的主题，仿照课文编一编《拍手歌》

4.《田家四季歌》作业。

作业1：课外搜集资料，了解更多不同季节的农事活动，遇到不认识的字，试着用学过的方法记住它们。

作业2：有机会和爸爸妈妈一起去乡下田间，欣赏田园风光，用自己喜欢的方法记录下田园美景，回校后和同学们交流。

二、单元测评。

1. 单元目标1和单元目标2以教材附录里的识字表、写字表为检测内容，进行识字、写字专项检测。

2. 单元目标3—5以下面的测试卷为检测内容。

3. 单元目标6随教学进程进行过程性检测。

单元专项检测

一、认一认加点的字，按要求分一分，再把序号填在横线上。

① 麻雀　② 锦鸡　③ 沙雁　④ 海鸥　⑤ 白鹅　⑥ 鹊鹏

1. 含有"隹"的字有：_____。

2. 含有"鸟"的字有：_____。

我知道，含"隹"或"鸟"的字，一般都和（　　　　）有关。

二、判断下列说法，对的打√，错的打╳。

1. "杨树高，榕树壮。"这一句写出了杨树和梧桐树的形状特点。（　　　）

2.《拍手歌》告诉我们动物世界很奇妙,我们要保护动物。(　　)

3.“早起勤耕作,归来戴月光。”是说农民夏季里正是农忙时节,早出晚归特别辛苦。(　　)

4.《场景歌》描绘了海边美景、沙漠风光、山区美景、学生活动场景。(　　)

三、把句子补充完整。

1. 十年_____,百年_____。

2. 树无根不长,_____。

3. 不以规矩,_____。

4. _____,叶落归根。

5. _____,言而有信。

爷爷、老师、爸爸分别会说什么?从上面的句子中选择合适的填写在括号里(填序号)。

爷爷退休后回到老家,总是和老家的乡亲们说:“(　　　)。”

老师给我们制定了班规,她说:“(　　　),大家要严格遵守这些规定。”

爸爸教育我从小要有远大的志向,他总是对我说:“(　　　)。”

四、看图,填写恰当的量词。

今天,我去公园游玩。一进公园大门,看见一(　　)美丽的小湖。湖里立着几(　　)荷花,湖面上有几(　　)野鸭在自由自在地游来游去,两(　　)小船在轻轻地荡漾着,泛起一(　　)波纹。

沿着湖边往前走,越过一(　　)石桥,就能看见一大(　　)树林,一(　　)大树枝繁叶茂。沿着林间的小路往山上走,经过一(　　)亭子,远远看去,山坡上的那(　　)古塔就像一个士兵在守卫着公园。

五、读儿歌,完成练习。

十二月蔬菜歌

正月菠菜才吐绿,二月栽下羊角葱;

三月韭菜长得旺,四月竹笋雨后生;

五月黄瓜大街卖,六月葫芦弯似弓;

七月茄子头朝下,八月辣椒个个红;

九月南瓜大又甜,十月萝卜上秤称;

冬月白菜家家有,腊月蒜苗正泛青。

1. 数一数,这首儿歌共有_____句话。

2. 儿歌里写到了哪些蔬菜?请用横线在文中画出来。

3. "十月萝卜上秤称"的意思是(　　)

A. 十月的萝卜都要放到秤上称一称。

B. 十月的萝卜成熟了,农民伯伯可以拿去卖了。

C. 十月的萝卜可以做成秤称重量。

4. 你最喜欢吃什么蔬菜?为什么喜欢吃?请你给它做一张小名片。

正面

> 我最喜欢吃的蔬菜
>
> 蔬菜名 _____
>
> 喜欢吃的原因 _____

反面

> 可以画一画蔬菜的样子或者把蔬菜的图片剪下来,贴一贴。

(编写人:浙江省杭州市安吉路教育集团新天地实验学校　曹爱卫)

第7讲 藏在儿歌里的节气秘密

——统编教材二年级下册"语言文字积累与梳理"
学习任务群设计

➡ 一、主题与内容

（一）主题的确立

《义务教育语文课程标准（2022年版）》"语言文字积累与梳理"第一学段的学习内容包括"诵读、记录课内外学到的成语、谚语、格言警句、儿歌、短小的古诗等，感受中华优秀传统文化，养成自主积累的习惯"。统编教材二年级下册《语文园地七》"日积月累"编排了《二十四节气歌》，旨在引导学生在熟读背诵中初步了解节气，感受中华优秀传统文化。

二十四节气是农耕文明的产物，包含了中国古代劳动人民的智慧，而且至今都与人们的生活息息相关。小学阶段语文教材中的内容，直接提及节气的比较少，整个学习内容紧紧围绕节气主题的只有《二十四节气歌》这一篇，但教材中不少学习内容都与节气有内在关联，例如二年级上册《田家四季歌》，四年级上册《语文园地》"日积月累"板块关于秋天的气象谚语等。此外不少与季节、农耕等相关的古诗词中，也与节气有一定关联。二年级下学期的学生，在日常生活、阅读经验中对节气有些许了解，但是大部分学生了解甚少，不清楚节气到底是什么，是怎么来的，也不明白节气与人们的生活有怎样密切的联系，等等。

基于课标、教材和学生学情，本任务的学习主题设定为"藏在儿歌里的节气秘密"，旨在借助教材中的儿歌以及学生课外积累的与节气有关的儿歌，引导学生在诵读中了解、梳理二十四节气，从儿歌中提取信息，了解与节气相关的知识，初步感知节气与人们生活的密切关联,感受古代劳动人民的智慧。

(二) 内容的组织

1. 统编教材二年级下册《语文园地七》"日积月累"板块中的《二十四节气歌》。

本首歌谣根据二十四节气的名称编成。引导学生在多种形式的诵读中,简单了解二十四个节气与歌谣内容的对应情况,梳理出各季节中的节气。

2. 儿歌拓展。

学生从教材中的儿歌中仅能了解到节气名称,无法进一步了解节气与人们生活的紧密关联以及节气背后所包含的劳动人民智慧、优秀的传统文化等,因此在本次学习中,学生还需课外搜集与节气有关的儿歌,初步了解与节气相关的知识,进一步交流探讨,探寻节气秘密。

▶ 二、目标与评价

(一) 目标

节气与人们的生活有着密切关联,但是对于二年级学生来说,是比较陌生的。极少数学生了解节气的由来、节气背后的风俗习惯等,大多数学生仅能说出几个节气名称以及相关风俗习惯,对于节气背后所蕴含的传统文化及古代劳动人民的智慧,尚不了解。

基于以上分析,本任务的学习目标确定为:

1. 诵读《二十四节气歌》,对照节气时间图,梳理各节气名称、顺序以及对应的季节等。尝试借助节气名称中的关键字,猜测节气名称的含义。

2. 收集、诵读其他与节气有关的儿歌,进一步探究发现并梳理与节气相关的知识,感受古代劳动人民的智慧。

3. 在积累与梳理节气秘密的基础上,选择一个感兴趣的节气,制作一张节气海报。

（二）评价标准

1. 评价说明。

在评价中,重点关注学生在学习过程中表现出来的学习态度、参与程度以及能力发展水平。此外,根据"制作节气海报"这一任务,单独设计作品成果评价表。为了更好地发挥以评促学的作用,评价等级根据学习任务命名,分为"金牌设计师""银牌设计师"和"铜牌设计师",其中"金牌设计师"和"银牌设计师"的作品能够在班级节气海报展中展出。

2. 评价表。

"藏在儿歌里的节气秘密"学习任务评价表

评价维度		评价标准	自评	组评	师评
学习态度	☆☆☆	主动学习,积极收集并诵读与节气有关的儿歌,课堂上认真倾听,积极思考。			
	☆☆	有学习的兴趣,愿意收集并诵读与节气有关的儿歌,课堂上偶尔有注意力不集中的现象,经提醒能马上改正。			
	☆	未能收集并诵读与节气有关的儿歌,课堂学习需多次提醒,学习积极性有待提高。			
参与合作	☆☆☆	与同伴团结合作,积极探索,乐于交流分享。			
	☆☆	参与合作探索,在同伴和老师鼓励下,愿意交流看法。			
	☆	合作学习积极性不高,不愿意分享交流,参与程度有待提高。			
能力发展	☆☆☆	在诵读儿歌的过程中,提取与节气有关的信息并进行梳理,能清楚地交流自己的发现。大方、自信地介绍海报作品,能简单评价他人作品。			

评价维度	评价标准		自评	组评	师评
能力发展	☆☆	能从儿歌中提取与节气有关的信息，大致讲清楚自己的发现，能大致介绍海报作品，简单评价他人作品。			
	☆	难以从儿歌中提取与节气有关的信息，在介绍作品以及简单评价他人作品方面存在困难。			

"制作节气海报"评价表

评价维度	评价标准		组评	师评
文字内容	☆☆☆	能从至少三个方面简单介绍一种节气，书写端正工整。		
	☆☆	能从两个方面简单介绍一种节气，书写较为端正工整。		
	☆	能从一个方面简单介绍一种节气，但书写潦草。		
设计排版	☆☆☆	排版精美，配图与文字内容紧密相关。		
	☆☆	排版较为精美，配图与文字内容有一定关联。		
	☆	排版较为粗糙，配图与文字内容关联不大。		
设计师头衔	获得5星及以上为"金牌设计师"，获得3—4星为"银牌设计师"，获得1—2星为"铜牌设计师"。		我是"（　　）设计师"	

➡ **三、情境与任务**

（一）情境设计

小朋友，你听说过二十四节气吗？它是农耕文明的产物，每一个节气都有特殊的含义,在古代人民的日常生活中有着极为重要的作用。如今,节气仍旧与我们的生活密不可分。在国际气象界,二十四节气被誉为"中国的第五大发明"。想了解更多关于节气的秘密吗?让我们一起走进节气世界,收集节气儿歌,发现节气的秘密,借助你的发现,为喜欢的节气制作一张节气海报吧!

(二)任务设计

围绕"藏在儿歌里的节气秘密"学习主题,学生从诵读、梳理到运用,分为三个任务、九个活动进行学习,最终完成"为喜欢的节气制作一张节气海报"这一主任务。

任务一是"节气名称我知道",学生借助《二十四节气歌》,对照节气时间图,认识二十四节气的名称,梳理儿歌中包含的节气知识,如每个季节分别有六个节气等。

任务二是"节气秘密我来找",学生分享交流课外搜集的节气儿歌,在诵读中进一步发现关于节气的秘密,并尝试从不同方面进行归类梳理,例如节气对应的自然气象、风俗习惯等。

任务三是"节气海报我设计",学生根据发现、梳理出来的节气秘密,借助或仿照儿歌中的语言表达,编排文字内容,设计海报并完成制作,最后进行交流展示。

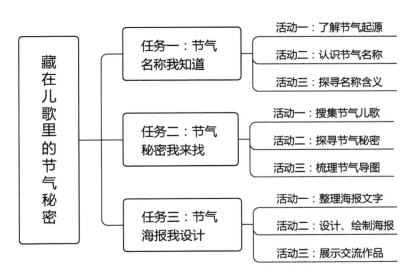

（一）活动设计

图文对照认识节气名称、诵读儿歌发现节气秘密、设计制作节气海报三个任务相互关联、层层递进，旨在让学生在诵读中提取节气信息，积累语言经验，感受传统文化魅力，领略古人智慧，最后将获取的节气信息、积累的言语经验运用于节气海报的设计和制作，作品的呈现和展示又进一步推动、鼓励学生将祖国优秀的传统文化进行推广和宣传，激发学生的民族自豪感。

任务一　节气名称我知道

活动一：了解节气起源

1. 观察日历，发现日历上标注的节气名称，简单交流对节气的已有了解。

2. 观看介绍节气起源的微课，初步了解节气的起源和演变过程，看完后进行简单交流。

要点：二十四节气是古代劳动人民通过观察太阳对地球产生的影响而制定的一种历法，它反映了一年中自然气象的变化，指导人们进行农耕生产，在人们的日常生活中发挥了极为重要的作用。

活动二：认识节气名称

1. 自由朗读《二十四节气歌》，做到读正确、读流畅。自读之后，同桌互相读给对方听一听。

2. 观察二十四节气时间图，对照《二十四节气歌》，找一找每一句分别对应了哪些节气，把句子贴到对应的方框中。

3. 合作读，说出节气名称。男生根据节气名称停顿着读儿歌，女生在男生停顿时，说出该字或该词语对应的节气名称。一轮结束后，男女生交换。

要点："惊蛰""处暑"这两个名称的读音需要重点关注和指导，"处"在这里读第三声。

活动三：探寻名称含义

1. 再读《二十四节气歌》，对照时间图中的节气名称，思考：从时间上观察，你有什么发现？同桌互相交流。

预设：

（1）每一句儿歌对应一个季节里的节气，每个季节有六个节气。

（2）儿歌和时间表里的节气都是按照时间先后排序。

（3）每个季节里的第一个节气名称都以"立"开头，表示开始、起始。

2. 发现名称背后的其他含义。

导语：我们已经知道，古人根据二十四节气来指导农事活动，每一个节气名称都有着丰富独特的含义，它们反映了一年中某个阶段的天气变化，和农事耕种有着密切的关联。再读一读这些节气名称，思考：从这些节气的名字里，你发现了哪些和节气有关的秘密？

预设：从"谷雨"名称推测，这个节气里雨水滋润，适合种五谷。从"芒种"名称推测，这是一个耕种忙碌的节气。"大暑"名称中的"大"字提示我们，这是一年中最热的节气。"霜降"这一节气到来时，开始有霜冻，此时天气已转冷。

要点：学生交流的内容较为零散且聚焦于某一个或几个节气时，教师可以适时帮助学生打开思路，进行梳理归类。例如可以按照以下方式进行梳理：

立春、立夏、立秋、立冬。

春分、秋分、夏至、冬至。

小暑、大暑；小雪、大雪、小寒、大寒、小满

节气里为何只有小满，没有大满？若学生对此有疑惑，教师还可适当拓展，这里面也包含着古代先人的智慧。

3. 朗读其他两首与节气有关的儿歌，小组合作，选择一首诵读，根据儿歌中的信息，探寻难理解的节气名称的含义，全班交流。

（1）惊蛰：

惊蛰至，雷声起，万物复苏真惊喜。

漫山桃花开，黄鹂歌声鸣。

油菜籽儿开了花，忙坏了锄头和犁耙。

名称含义：惊蛰这一节气到来时，天气回暖，春雷响起，把冬天蛰伏在土地里的动物都惊醒了，万物开始复苏和生长。

（2）小满：

小满天，暖洋洋，梅子青青枇杷黄。

杏儿树上晒日头，桃子赶早上市忙。

小满天，雨水旺，满江满河满池塘。

麦穗麦穗灌满浆，家家盼着麦子黄。

名称含义：观察气候，南方降雨量逐渐增大，江河水位上升。观察农作物，北方种植小麦，此时麦穗里的麦粒慢慢地鼓起来，即将饱满。因此这个节气就叫小满。

任务二　节气秘密我来找

活动一：搜集节气儿歌

1. 课后,学生在家长的帮助下,选择一个自己感兴趣的节气,搜集与该节气有关的儿歌,将选择的儿歌贴或抄写在任务单上。还可以搜集与节气相关的资料,帮助自己读懂儿歌。

2. 用喜欢的方式诵读搜集的儿歌,如拍手读、同伴合作读、亲子共读等,将儿歌读正确、读通顺。遇到不认识的字,借助拼音、查字典、询问他人等方式明确读音。

活动二：探寻节气秘密

1. 自由朗读搜集的节气儿歌,读完后思考：从儿歌中了解到了哪些与节气有关的信息,圈画出关键词句。

2. 全班按照搜集的节气进行分组,相同节气的为一组,组内交流、分享自己搜集的儿歌。把从儿歌中发现的节气秘密说给组员听,一人在分享时,其他组员边听边思考,若有新的发现,可以及时补充交流。

要点：若选择同一节气的人数较多,教师可引导学生再拆分成人数较少的组。

3. 全班范围内分享收集到的节气儿歌,说说从儿歌中探寻到的节气秘密。

提示：在交流前,教师出示分享模板,帮助学生更清晰有条理地发表自己的看法。学生在交流时,教师同步将学生搜集的儿歌投屏在大屏幕上,以便其他学生阅读、学习和思考。选择相同节气的学生都交流补充完后,再请学生交流其他的节气。

> 我喜欢的节气是_____,我搜集的儿歌有_____。
> 下面,我为大家朗诵其中一首。从搜集到的儿歌里,我发现了这些与节气
> 有关的秘密：_____。

要点：在学生交流过程中,教师可以适时补充,同时要及时引导学生将发现的节气秘密从不同方面进行梳理归纳,例如儿歌中可能会包含天气现象、植物生长变化、风俗习惯等方面的内容,学生交流后教师进行点拨,为"梳理节气导图"

这一学习活动作铺垫。

4. 趣味抢答猜节气。

观察与节气相关的图片或关键词,学生根据前面学习活动中积累的知识,迅速抢答对应的节气名称。

（1）赏图片,猜节气。

小满　　　　　　霜降　　　　　　大雪　　　　　　惊蛰

（2）话习俗,猜节气。

踏青——清明,吃饺子——冬至,斗蛋——立夏,煮梅——芒种。

（3）知农活,猜节气。

养蜂采蜜——惊蛰,种瓜点豆——清明,采桑喂蚕——谷雨,收麦忙——芒种。

要点:此处也可以由学生自行来出题,充分发挥学生的主动性。

活动三：梳理节气导图

1. 学生将自己在诵读过程中发现的节气秘密以及同伴所补充的发现整合起来,尝试从不同方面梳理绘制节气导图。

2. 导图完成后,同桌之间分享交流,推荐优秀导图在全班范围内进行展示。

导图举例:

任务三　节气海报我设计

活动一：整理海报文字

根据搜集的儿歌以及梳理绘制好的思维导图,思考海报上呈现的文字内容。

要点：引导学生借助作品评价表,尝试从不同方面介绍节气,可引用儿歌中的句子,鼓励能力强的学生仿照儿歌中的句式进行介绍。难写的字可以用拼音代替。

海报文字举例：

寒气尽,谷雨来。播五谷,植桑槐。食香椿,赏牡丹。走谷雨,等夏来。

活动二：设计、绘制海报

结合整理好的文字内容,进行海报排版,绘制与节气有关的图。不擅长绘画的学生可以提前搜集图片素材,采用贴图和绘画相结合的形式装饰海报。

要点：海报绘制用纸统一尺寸,如都使用 A4 白纸制作,展示结束后还可以将所有优秀海报编制成册,变成一部二十四节气手册。

活动三：展示交流作品

四人小组内展示交流完成的节气海报,借助评价单互相评价组员作品,教师一同参与作品评价,最后根据得星数量确定评价等级,由学生将评价结果填入评价单中。获得"金牌设计师""银牌设计师"称号的学生,其作品可以在班级节气海报展中进行展出。

除了在班级里展出,也可以鼓励能干的学生合作策展,征询相关负责人同意后,在校园大厅、社区宣传栏等场所,将优秀海报作品进行展出,让更多人了解二十四节气这一优秀传统文化。

（二）活动建议

1. 教学时间：2 课时。

本任务建议用 2 课时。任务一在第 1 课时完成,任务二和任务三在第 2 课时完成。若动手制作海报这一活动课堂上来不及完成,学生可以利用课后时间继续完善。

2. 注意事项。

（1）每个课时的学习开始前，学生都需要搜集一定的学习资料，例如搜集与节气有关的儿歌、图片等，为课堂上完成各项学习活动做好准备。

（2）每一个任务层层推进，最终都指向"制作节气海报"这一主任务。学生对于海报制作可能没有经验，教师要提供一些范例给学生作为参考和借鉴。

→ 五、资源与运用

"藏在儿歌里的节气秘密"学习单

班级＿＿＿＿＿＿　姓名＿＿＿＿＿＿

1. 我搜集的节气儿歌。

2. 绘制导图。

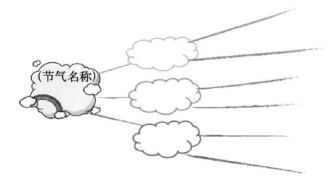

3. 整理海报文字。

（编写人：浙江省杭州市长寿桥岳帅小学　张　宏）

第8讲　方块字里游中国

——统编教材二年级下册"语言文字积累与梳理"
学习任务群设计

（一）主题的确立

统编教材二年级下的识字单元是以"传统文化"为主题进行编排的。本单元包含《神州谣》《传统节日》《"贝"的故事》《中国美食》4篇课文以及《口语交际》和《语文园地》。

从单元主题看,本单元内容大多和中华优秀传统文化有关,涉及祖国秀美山川、传统佳节、汉字文化和美食文化等多个方面,展现了中国这样一个具有五千年文明历史的泱泱大国的魅力。

从单元类型看,作为相对独立完整的识字单元,识字、写字是本单元的教学重点,本单元学习侧重引导学生继续运用形声字形旁表义的构字规律识记生字,关注偏旁与字义之间的联系,进一步发现"灬"与"火"、"心"与"忄"、"刀"与"刂"等之间的关联,这是在前三册学习基础上的提升,体现了不同册次之间识字教学的衔接和发展。

从学习心理看,本单元主题和学习内容与学生生活联系密切,二年级学生对此比较感兴趣,有助于教师在教学中引导学生从情感层面进一步领悟汉字的文化内涵,激发学生对中华传统文化的热爱,增强文化自信。

"语言文字积累与梳理"任务群要求教师要引导学生在识字、写字、语言积累中感受中华文化的魅力,激发热爱中华文化的情感。基于上述分析,本任务的学习主题确定为"方块字里游中国"。旨在引导学生在识写汉字的过程中领略祖国秀美山川,感受汉字、节日、美食等中华优秀传统文化,愿意运用习得的汉字和识字方法,推广宣传祖国底蕴深厚的文化。

(二)内容的组织

1. 教材内容。

本单元的课文以简洁的语言、图文并茂的形式,介绍了祖国壮美山河、传统佳节、神奇汉字以及特色美食等内容。在读文过程中,学生继续运用形声字形旁表义的构字规律识记生字,关注偏旁与字义之间的联系,发现汉字的奥秘,感受传统文化的魅力。

本学习任务在"方块字里游中国"这一主题引领下,将识字方法的梳理运用和感受祖国优秀传统文化进行融合。基于任务的情境、内在的学习逻辑以及学生学习能力的层级递升,将教材内容根据任务的设定进行打乱重组。具体安排以及对应的学习点如下表:

任务	对应教材内容	学习点
字里探文明	《"贝"的故事》和《语文园地》中的"字词句运用""日积月累"板块	关注形声字形旁与字义的联系,运用形声字构字规律识字。
字里赏山川	《神州谣》	巩固运用形声字构字规律识字,建立生字音、形、义之间的联系。
字里品美食	《中国美食》和《语文园地》中的"识字加油站""我的发现"板块	发现"灬"与"火"、"心"与"忄"、"刀"与"刂"之间的联系,结合形声字构字规律识字。
字里话佳节	《传统节日》	根据汉字特点有意识地进行分类梳理识记,自主运用形声字构字规律、偏旁之间的联系识记生字。

2. 学生已有经验。

在前三册的学习中,学生对形声字构字规律已经有了一定了解,知道了声旁表音、形旁表义的基本规律,认识了一些常见的偏旁,这些已有经验为本任务的学习奠定了基础。

（一）目标

基础型目标

1. 借助儿歌、图片以及形声字形旁表义的规律等认识生字，读准 2 个多音字。

2. 会写 35 个字，书写汉字时，有意识地关注汉字结构，梳理书写要点，积累"华夏儿女、炎黄子孙"等词语。

3. 正确流畅地朗读课文，背诵《传统节日》，在诵读中初步感受"奔、涌、长、耸"等汉字的表达效果，能说出用"炒、烤、烧"等方法烹制的美食。

4. 联系生活理解"甜津津、酸溜溜"等词语的意思，能发现"火"与"灬"、"心"与"忄"、"刀"与"刂"之间的联系以及表示的意思。

发展型目标

1. 能借助形声字形旁表义的规律，自主梳理更多有关联的偏旁及其含义，乐于探究汉字的由来及演变过程。能讲"贝"的故事，初步感受汉字的魅力。

2. 在学习中感受祖国壮美的山河以及悠久灿烂的历史文化，热爱中华优秀传统文化，愿意将祖国文化进行传承和发扬。

（二）评价标准

本学习任务的评价依据两个评价表进行。评价表一注重过程性学习，从两个维度进行评价：一是学生在学习过程中表现出来的学习情感、态度以及学习习惯；二是学生在过程中形成的语文能力。评价表二关注学生学习成果，以集赞卡的方式通过生生互评、师评的形式开展评价，以趣味的评价方式激发学生学习的兴趣，让学生在学习中建立价值感和自我认同感。

"方块字里游中国"过程性学习评价表

评价维度		评价标准	自评	师评
学习态度	优	对学习任务有明确的认识,学习过程中不需要提醒,学习主动参与性高。热爱祖国语言文字,对学习汉字有浓厚的兴趣。		
	良	对学习任务有比较明确的认识,学习过程中偶尔需要提醒且能及时调整,学习主动参与性较高。热爱祖国语言文字,对学习汉字有兴趣。		
	合格	对学习任务认识不明确,学习过程中经常需要提醒,学习主动参与性有待提高。热爱祖国语言文字,对学习汉字略有兴趣。		
能力发展	优	能借助形声字形旁表义的规律,自主梳理有关联的偏旁及其含义。乐于探究汉字由来及演变过程。书写汉字时,关注汉字结构,书写端正美观。		
	良	能借助形声字形旁表义的规律,梳理有关联的偏旁及其含义。愿意探究汉字由来及演变过程。书写汉字时,偶尔会关注汉字结构,书写较为端正。		
	合格	对于借助形声字形旁表义的规律,梳理有关联的偏旁及其含义仍存在困难。探究汉字由来及演变过程的积极性有待提高,书写有待提升。		

"游遍中国"推荐手册集赞卡

姓名＿＿＿＿＿＿

集赞标准	点赞栏
内容丰富,将祖国壮美山川、特色美食、传统佳节、汉字故事等介绍给中外友人。	
手册排版设计精美,图文并茂。	
字迹清晰,书写美观。	
说明:对照每一栏集赞标准,做得很好得 3 个赞,较好得 2 个赞,一般得 1 个赞。为你喜欢的手册点赞助力吧!	

（一）情境设计

小朋友，汉字是世界上最古老的文字之一。每一个汉字都包含了祖先的智慧，它们可以用来描绘世间万物，可以给我们带来独特的感受，是我们中华民族的宝藏。如今，世界上越来越多的人对汉字、对中国充满了兴趣。

让我们跟随课本，去字里行间发现更多关于汉字的有趣故事，在神奇的方块字里游览大好河山、品尝美食佳肴、了解传统佳节，把我们的收获制作成"游遍中国"推荐手册，让更多的人感受祖国传统文化的魅力，爱上我们的祖国。

（二）任务设计

以"方块字里游中国"为主题，在上述学习情境下，确定主任务为"制作'游遍中国'推荐手册"。这份手册的阅读者是对中国文化感兴趣，想游历中国的中外友人。如今越来越多的人在旅游前会先了解当地的语言文字和传统文化，因此按照了解汉字文化、游览山川美景、品尝中国美食、感受传统佳节的活动顺序，设计了四个任务，每个任务包含三个学习活动。

四个任务分别对应手册的四个板块，板块名称分别以子任务命名。从学习内容上看，在读文识字中学生依次了解祖国的汉字文化、山川美景、美食文化以及传统节日。从学习能力上看，任务一中，学生在了解汉字起源以及发展的过程中，发现偏旁与汉字意思之间的联系，与形声字形旁表义的构字规律进行联系，尝试借助这一发现自主识记生字。任务二中，学生进一步运用任务一中发现的汉字规律和奥秘，自主识记生字。任务三是在前两个任务基础上的提升，学生由单个偏旁含义关注到不同偏旁含义的联系，并尝试运用这一发现，继续借助形声字形旁表义的构字规律进行归类识记生字。任务四中，学生根据汉字特点自主归类梳理，运用在前三个任务中习得的识字方法，以及学习本单元前积累的识字方法开展识字活动。

任务总体框架如下图：

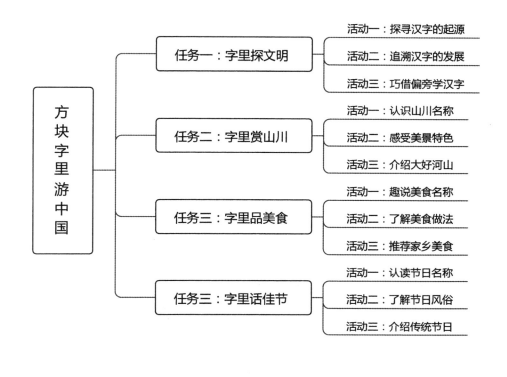

任务一：字里探文明
- 活动一：探寻汉字的起源
- 活动二：追溯汉字的发展
- 活动三：巧借偏旁学汉字

任务二：字里赏山川
- 活动一：认识山川名称
- 活动二：感受美景特色
- 活动三：介绍大好河山

任务三：字里品美食
- 活动一：趣说美食名称
- 活动二：了解美食做法
- 活动三：推荐家乡美食

任务三：字里话佳节
- 活动一：认读节日名称
- 活动二：了解节日风俗
- 活动三：介绍传统节日

方块字里游中国

■➡ 四、活动与建议

（一）活动设计

任务一　字里探文明

导语：很多人在游览一个国家时，往往从了解这个国家的文字和文化开始。我们在游览祖国大好河山时，也是如此。汉字是怎么来的？又是如何演变的？汉字里藏着哪些有趣的故事和秘密呢？让我们一起去汉字里探索中华文明的奥秘吧。

活动一：探寻汉字的起源

1. 了解"贝"的由来。

读课文《"贝"的故事》第1自然段,观察课文插图,了解甲骨文中的"贝"字是根据一种海贝的样子画下来的。

要点:由"贝"字的来源进而了解,最初祖先造字时,有些字就是根据事物的样子画下来的。最早,人们把文字刻在龟甲或者兽骨上,所以最早的文字也叫甲骨文。

2. 观察古字,联系图片识记汉字。

(1)出示"骨"字甲骨文以及骨的简笔画,对照图片联系字义识记"骨"字。

(2)根据字义,对照图片猜测词义。

引导语:人体内的骨架支撑起了我们的身体,很多物体内部也有起支撑作用的骨架。读一读下面这些词语,你能在图片中准确地指出这些词语表示的部位吗?

伞骨

龙骨

3. 观察甲骨文,根据文字形状猜十二生肖。

(1)出示十二生肖中各动物名称对应的甲骨文,请学生观察文字形状,猜测对应的生肖动物。

(2)出示完整的生肖名称,同桌之间互相介绍自己的生肖,而后全班交流。

要点:学生在已有生活经验中接触到的生肖名称往往是一个字,而教材中出示的和生活中的不同,若学生对此提出疑问,教师作简单介绍即可:子、丑、寅、卯、辰、巳、午、未、申、酉、戌、亥叫十二地支,古时候,中国人用它们来记录时间,表示一天里的十二个时辰,在这里表示十二生肖的先后顺序。

(3)十二生肖作为中国历史悠久的民俗文化,至今都与人们的生活有着紧密的关联。全班范围内交流:生活中在哪些地方见过十二生肖?教师可适当出示相关图片作为补充。

要点：每年春节的吉祥物、人们身上佩戴的生肖玉佩、生肖邮票以及各种与生肖有关的艺术作品，如春联、书画、雕塑等。

（4）对照十二生肖甲骨文，按照顺序完整说出十二生肖名称。

活动二：追溯汉字的发展

1. 探寻"贝"的演变历程。

（1）读《"贝"的故事》第 2 自然段，用"因为……所以……"的句式说一说"贝"的演变和发展过程。

举例：因为贝壳漂亮、珍贵，又便于携带、不容易损坏，古人把贝壳当作钱币使用，所以贝字旁的字大多与钱财有关。

（2）梳理本课中带有贝字旁的生字，联系"贝"的演变过程，借助偏旁含义以及形声字构字规律，识记生字。

要点："财、赚、赔、购、贫"都有贝字旁，都和钱财有关，并且这些字都是形声字。教学过程中引导学生从"贝"作偏旁表示的意思，联想到形声字形旁表义、声旁表音的构字规律，再进一步借助这条规律识记生字。除了这条识字方法，还可鼓励学生使用多样的方法进行识记，比如联系生活，说说生活中哪些地方见过这些字。也可以完成课后习题第 2 题进行组词识记。

（3）拍手读儿歌《有趣的"贝"》，进一步识记巩固生字。

小小贝壳真神奇，古时还能当钱币。

祖先刻"贝"在甲骨，照样画下来造字。

贝作偏旁表钱财，赚、赔、购、贫、货与贪。

2. 探寻偏旁的奥妙。

（1）推测金字旁和王字旁的"前世今生"。

小组合作，从课后练习题中的金字旁和王字旁中任选其一，根据贝字旁的演变过程，借助练习题中的图片，推测偏旁的含义。

交流模板：

```
我们研究的是（        ）。从图片中我们猜测这个偏旁的字可能和
（    ）有关，所以它也许是从（        ）这个字演变成偏旁的。生活中我们还见
过带有这个偏旁的字有（        ），这些字的意思都和（        ）有关。
```

要点：金字旁的字多和金属有关，金字旁由"金"这个字变形而来。王字旁的字多和玉石有关，它由"玉"演变而来，最初王字旁写作玉字旁，后来古人在写玉字旁的时候慢慢省略了边上的一点，于是玉字旁变成了王字旁。

（2）梳理总结，进一步明确偏旁的含义与字义相关。

从学过的偏旁里选择一个和同桌交流：带有该偏旁的字大多与什么有关？并举例说一说。

如，"扌"多和手的动作有关，"艹"多和植物有关，"户"多和门户、房屋有关。

活动三：巧借偏旁学汉字

1. 根据偏旁猜测汉字意思，再查字典验证。

出示《语文园地》"字词句运用"板块中"选一选，连一连"的内容，尝试根据偏旁猜测这些汉字的意思，从而区分形近字，将词语补充完整。

要点：在交流时，学生需要说清怎么选以及选择的依据，进一步巩固当遇到不认识的字时，可以借助偏旁猜测字义（即运用形声字形旁表义的规律），帮助自己学习更多的汉字。此处查字典验证，需要用到部首查字法。

2. 认识有趣的部首字。

（1）用部首查字法查找《语文园地三》"字词句运用"第 2 题中的汉字，初步认识部首字。

引导语：我们不仅可以用偏旁猜测汉字的意思，还可以根据偏旁，用上部首查字法认识更多的汉字。用部首查字法查一查下面这些字，你有什么发现？

要点：每组汉字里的第一个字都可以在"部首目录"里查到，而每组里的第二个字，都可以用前一个字作为部首来查找，像这些可以作为部首查找的汉字，就叫部首字。

（2）浏览字典部首目录，找一找还有哪些熟悉的字可以作为部首。

3. 再读儿歌《有趣的"贝"》，观察汉字结构，结合语境学写汉字。

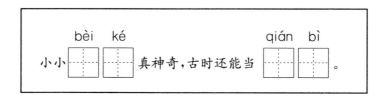

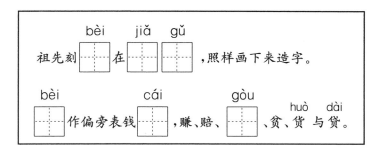

祖先刻 [bèi] 在 [jiǎ] [gǔ] ，照样画下来造字。

[bèi] 作偏旁表钱 [cái] ，赚、赔、 [gòu] 、贫、货 与贷。 [huò dài]

要点："贝、甲、币、与"是独体字,注意书写在田字格的正中间。"骨、关"都是上下结构,"钱、财"都是左右结构,要观察字形结构后再书写。如,"壳"是上中下结构,"士"要写得窄,"几"要写得舒展。

任务二 字里赏山川

导语:汉字具有魔力,让我们足不出户就能跟着它欣赏祖国的壮美山川,让我们漫步在字里行间,感受各具特色的美景,再把这些美景收藏在"字里赏山川"板块,把它们推荐给更多的人吧。

活动一:认识山川名称

1. 自由朗读课文《神州谣》,圈一圈课文里介绍了哪些可入画的山川美景。

(1)了解第1自然段中的"神州、中华"都指中国。对照甲骨文字形,借助形声字构字规律,识记"州、华"。

① 识记"州"。观察"州"的甲骨文以及相关图片,联系学过的"川"字,推测"州"的意思。再说一说哪些城市的名字里带有"州"。

要点:"州"是象形字,"川"表示河流,"州"是河流或水中间的小块陆地,几个小点就是小岛。

② 识记"华"。观察"华"的古字以及对应的图片,借助形声字构字规律识记理解字义。

要点:从上半部分的"化"推测"华"是形声字。借助"华"的古文字以及对应的图片,了解"华"在古时候指的是花,以前的"华"字中有表示草的部分,后来人们逐渐将其简化,去掉了文字中的草字头,简化成如今的"华"。

(2)圈出课文中提到的山川美景,交流后在地图上定位。

在交流中借助形声字构字规律对比识记"峰、峡"。

① 联系学过的"蜂、锋",了解"峰"也是一个形声字,山字旁表示字义,右边的"夆"表示读音。

② 找出本课中另一个带有山字旁的生字"峡",借助形声字规律进行识记。

③ 出示图片,思考"峰"和"峡"分别指哪个部分,通过比较字义进一步识记生字。

要点:"峰"指高而尖的山头,"峡"指两山之间较窄的地方。

活动二:感受美景特色

1. 圈画表现山川美景特点的关键字。

提示:奔、涌、长、耸。

2. 抓住关键字,体会山川美景的特点,在体会汉字表达效果中识记生字。

抓住"奔、涌、长、耸",联系字义和生活经验,交流这些美景分别带给自己怎样的感受,再欣赏图片和视频,进一步体会汉字的表达效果。

要点:借助形声字构字规律重点识记"涌、耸"。在课文语境中进一步体会"涌"写出了长江水汹涌澎湃,"耸"写出了珠峰巍峨高耸、险峻壮观。

活动三:介绍大好河山

祖国幅员辽阔,地大物博。除了课文里提到的这些美景,你还想把哪些壮美的山川介绍给大家?

1. 选择一处最想推荐的山川美景,借助课前搜集的图片,在课堂上进行介绍、推荐。

交流模板:

> 我给大家推荐的是(　　　),它位于祖国的(　　　),它的特点是(　　　　　　)。

2. 了解宝岛台湾。

(1) 在地图上定位台湾岛,借助地图理解"隔""海峡"。

要点:联系前面所学的"峡"的意思,可以推测海峡就是两个水域之间的狭窄水上通道。

(2) 欣赏台湾风光短片,了解日月潭、阿里山等有代表性的风景名胜,并简单交流这些美景给自己留下的最深刻的印象。

3. 感受民族情谊。

不同的地方有着不同的风土人情。但不管是生活在祖国的哪一个角落,每一个祖国儿女都心连心,情谊浓。我们不光要把祖国各地的山川美景介绍给更多的人,还要告诉全世界,我们的祖国民族团结,祖国会越来越强大。

(1) 朗读《神州谣》第3、第4小节,感受各民族团结、奋发向上的精神。

导语:一方水土养一方人,祖国的大好河山生活着不同的民族。读一读诗歌最后两个小节,你有什么感受?

交流时,借助台湾岛历史背景资料,进一步体会宝岛大陆一家亲。出示五十六个民族大团结的视频,进一步体会民族间的深厚情谊。

要点:借助形声字构字规律,随文识记"谊、浓"。联系偏旁含义,了解"荣"的意思和草木有关,最初它是指草木的花,后来慢慢引申出"繁茂、茂盛"等含义。

(2) 借助课后练习题"读一读,记一记",对照课文内容填空,诵读积累。

我们都是(华夏儿女)、(炎黄子孙),(神州大地)、(巍巍中华)是我们永远的家园,(民族团结)、(世界大同)是我们美好的祝愿,(奋发图强)、(繁荣昌盛)是我们共同的目标。我为自己是中国人而感到无比骄傲!

(3) 关注汉字部件之间的关系,归类学写汉字,完成民族情深歌颂卡。

要点:"华、齐、奋"都属于上下结构,"齐、奋"上大下小;"峡、族、谊"均是左窄右宽；"州"要关注三点的朝向；"岛"的关键笔画竖折折钩要写得宽一些。

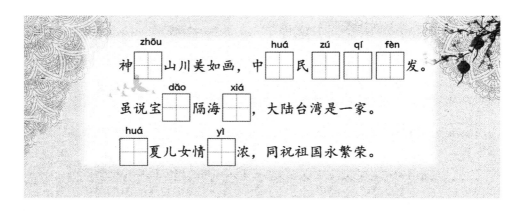

任务三　字里品美食

情境描述：游览一个地方，当然少不了品尝当地的特色美食。品种丰富、烹饪手法变化多端的中国美食，吸引了数不清的中外游客前来品尝。你的家乡有哪些美食？选择你最喜欢的几种，完成制作手册"字里品美食"板块，把家乡的美食介绍给更多的人。

活动一：趣说美食名称

1. 运用多种方式认读美食名称。

（1）随机出示教材插图，看图说出美食名称。

（2）去掉图片，借助拼音，准确认读教材里的美食名称。

（3）打乱出示美食图片以及去掉拼音的美食名称，快速认读名称后将图文配对。

（4）出示分类标准，准确认读美食名称后，将手中的名称词卡快速进行分类。

素菜：凉拌菠菜、香煎豆腐、红烧茄子。

荤菜：烤鸭、水煮鱼、葱爆羊肉、小鸡炖蘑菇。

主食：蒸饺、炸酱面、小米粥、蛋炒饭。

2.借助形声字构字规律,联系偏旁含义,归类识记"菠、茄、蘑、菇"。

要点:归类过程中,引导学生发现美食名称里出现的蔬菜名都带有"艹",都和植物有关,并且都是形声字,可以借助声旁记住读音。

3.归类观察字形结构,学写生字,将美食名称补充完整。

要点:"烧、烤、炒、饭、鸡、鸭"都是左右结构,均为左窄右宽;"茄、蛋"是上下结构,书写"茄"字时要上收下放,"蛋"上下部件均宽而扁;书写"肉"字时注意笔顺,先外后内。

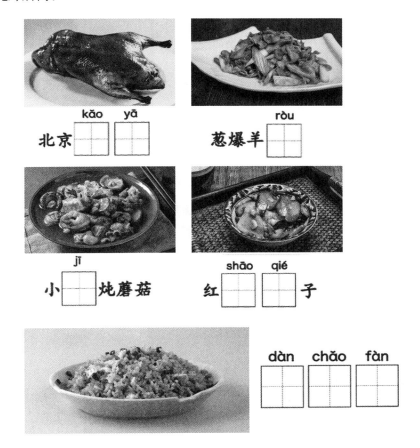

活动二:了解美食做法

1.再读美食名称,圈出名称中与烹饪方法相关的汉字,借助关键字,联系生活,简单交流这些美食都是怎么做成的。

举例:拌、煎、烧、烤、煮、爆、炖、蒸、炸、炒。

2. 观察体现不同烹饪方法的图片,快速举起手中对应的字卡。

3. 分类呈现烹饪方法中带有火字旁和四点底的汉字,思考并交流自己的发现。

> 炒 烤 烧 爆 炖 炸
>
> 煎 蒸 煮

(1)交流思考后的发现。

提示:① 第一行字的偏旁都是火字旁,第二行字的偏旁都是四点底。

② 它们都是形声字。

③ 这些字的意思都和火有关。

小结:原来,不同的偏旁也可能表示相同的含义。

(2)借助课后练习题第 2 题,用步骤查字法验证自己的发现是否正确。交流还有哪些字带有火字旁或是四点底,进一步印证猜想。

举例:焖、焗、烩、熬……

(3)联系《语文园地》"我的发现"板块,梳理发现更多含义相同的偏旁。

要点:偏旁为"心"和"忄"的字多和心理、情感有关。偏旁为"刀"和"刂"的字多和刀、切割有关。

4. 对照课文中出现的烹饪方法,联系生活说一说还有哪些美食在制作时会用到这些烹饪方法,在交流中进一步巩固识记生字。

举例:爆炒猪肝、烤羊肉串、黄豆炖猪蹄、清蒸鲈鱼……

活动三:推荐家乡美食

1. 联系《语文园地》"识字加油站"板块,交流食物滋味,积累形容食物味道的词语。

(1)自由交流与食物味道相关的词语。

要想把家乡的美食推荐给更多人,介绍清楚食物的滋味最为重要。你知道哪些可以用来形容食物味道的词语?

(2)借助拼音正确认读"识字加油站"板块中的词语,梳理发现词语特点。

要点:都可以用来描述食物的味道,词语形式都是 ABB 型。

（3）再读词语，思考并交流：读了这些词语，你会想到什么食物？

举例：我吃过酸溜溜的话梅；我吃过脆生生的苹果……

（4）集中出示要求识记的生字，思考并交流：你能运用学到的识字方法记住哪些生字？

提示：借助形声字构字规律并根据偏旁归类识记"津、溜""腻、脆"。借助形声字构字规律并联系学过的形近字比较识记"喷、绵、邦"。

要点：可借助"愤—喷""棉—绵""帮—邦"等形近字组合进行区分识记生字。

2. 推荐介绍一道家乡美食。

选择自己喜欢的一道家乡美食推荐给同学，要求讲清楚美食的名称、做法以及味道。

任务四　字里话佳节

中国有着丰富的传统节日，人们在这些节日里开展各式各样的民俗活动，表达自己的美好祝愿。与节日有关的传统文化同样深深吸引着中外游客。让我们一起走进祖国的传统节日，了解关于节日的那些趣事儿。

活动一：认读节日名称

1. 自由朗读课文《传统节日》，找一找课文中提到了哪些传统节日。

（1）圈画文中的节日名称。

提示：春节、元宵节、清明节、端午、乞巧、中秋、重阳节。

（2）认读节日名称，相机识记"传、统、宵、乞、巧"。

① 认读打乱的节日名称词卡，边读边交流识字方法。

要点：引导学生主动观察发现汉字的特点，运用学过的识字方法自主识记生字。这五个字都是形声字，识记时可结合形声字构字规律，联系字义、结合词语语境综合识记。

举例：学生联系字典注释发现"宵"有"夜"的意思，元宵节就是农历正月十五的晚上。联系生活说出带有"宵"的词语还有：夜宵、通宵……

通过思考"什么是传统节日"，联系"传统"一词含义进一步识记生字。

借助拆字组词进一步理解识记"乞巧",即乞求心灵手巧。

② 对照课文内容,联系生活经验,在时间轴上按照时间顺序对节日进行排序。

要点:学生能按照时间对这些传统节日进行正确排序即可,教师可适当补充大家熟知的节日时间。例如,正月十五是元宵节,五月初五是端午节,七月初七是乞巧节,八月十五是中秋节,等等。

活动二:了解节日风俗

1. 找一找:课文介绍了这些传统节日里的风俗活动,补充在节日时间轴上。交流过程中相机识记余下的生字。

(1)借助形声字构字规律识记"贴、赏、堂、艾、菊、郎、饼"。

要点:培养学生在识记中形成分类梳理的意识。

① "赏、堂"字形相近,借助各自的偏旁,联系偏旁含义就能将二字进行区分。"赏、贴"也可建立联系,二者都有贝字旁,根据《"贝"的故事》中了解到的偏旁含义,进一步思考"贴"和钱财有什么联系。此处若学生提出疑问,教师可作简单补充讲解。

② "艾、菊"都是草字头,都和植物有关。

(2)联系生活经验,结合图片识记"巷、祭"。

① 联系生活经验,区分大街和小巷的照片,理解"巷"就是狭窄的街道、小胡同。

② 联系生活经验,对照古字和图示,拆分识记"祭"。汉字左上部分的部件表示肉,右上部分代表一只手,下面的"示"像一个台子。古人一手拿着肉,放到台子上祈求老天保佑,就是"祭"的含义。"祭"也表示我们对逝去的人的追悼与怀念。

2. 说一说:你还知道这些节日有哪些风俗活动?

举例:春节有祭灶、扫尘、贴春联、守岁、拜年的风俗;清明节有踏青、放风筝等习俗；端午节有喝雄黄酒、系五色绳等风俗；乞巧节有穿针乞巧、拜织女等风俗；中秋节有赏桂花、看花灯等活动；重阳节会晒秋、吃重阳糕等。

3. 想一想：这些传统节日都包含了人们怎样的美好愿望？

举例：中秋节寄托了人们思念家乡、思念亲人之情，期盼家人团圆；端午节寄托了人们迎祥纳福、辟邪除灾的美好愿望。

活动三：介绍传统节日

1. 借助课外搜集的资料，小组内互相介绍一个传统节日，可以是课文中提到的，也可以是课外了解的其他传统节日。

要点：交流时要讲清楚节日名称、时间、风俗活动以及人们美好的愿望。

2. 填写节日风俗介绍卡。

观察比较，学写汉字，将节日风俗介绍卡补充完整。完成后，可作为素材贴在手册第二板块。

要点："贴、敬、转"都为左右结构，左右高低一致，宽窄关系不同；"团"是全包围结构，"闹"是半包围结构，但是国字框和门字框都要写得大而方正；"艾、热"是上下结构，上下部件大小关系不同。"街"是难写字，要注意左中右三个部件的高低关系。

（二）活动建议

1. 教学时间：10 课时。

任务一和任务三建议各用 3 课时完成，任务二和任务四各用 2 课时完成。

2. 注意事项。

（1）每项任务都要凸显识字单元的特点，重点关注对识字方法的梳理和运用。

（2）每个任务对应手册的相应板块，所有板块完成后，可以引导学生制作手册的封面、目录和封底，最后将手册装订完成。

（3）学习活动中完成的学习单，均可作为手册制作素材进行剪贴，除此之外，还可以鼓励学生在课外搜集素材，完成手册制作。

五、资源与运用

1. 学习单。

每一项任务都设计了汉字书写学习单，保证了学生在具体语境中学写汉字，确保前后学习活动的一致性。

2. 课外拓展资源包。

单元学习开始前，教师可以整理好相关的学习拓展资源包，供学生在学习过程中使用并进一步深入探究。各任务中对应的拓展资源如下表所示：

任务	拓展资源
字里探文明	纪录片《"字"从遇见你》 图书《汉字中国》
字里赏山川	纪录片《航拍中国》 系列图书《美丽中国·从家乡出发》

任务	拓展资源
字里品美食	纪录片《舌尖上的中国》 系列绘本《这就是中国味道》
字里话佳节	纪录片《佳节》 绘本《中国传统节日故事》

（编写人：浙江省杭州市长寿桥岳帅小学　张　宏）

第9讲 探寻写出句子新鲜感的密钥

——统编教材三年级上册"语言文字积累与梳理"学习任务群设计

一、主题与内容

（一）主题的确立

统编教材三年级上册第一单元人文主题是"美丽的校园"，单元语文核心要素是"阅读时，关注有新鲜感的词语和句子"。三年级编排了《大青树下的小学》《花的学校》《不懂就要问》三篇课文。《大青树下的小学》描写了一所边疆小学，里面的人、事、物都有其独特之处，文章的语言也具有新鲜感；《花的学校》是泰戈尔描写的一所想象中的学校，其有趣的想象和与众不同的表达让语言也就有了新鲜感；《不懂就要问》讲述了孙中山小时候上私塾求学的事，旧式学校与今日学校讲课内容、教学方式等不同，因此语言也就有了新鲜感。

三年级上学期的学生刚从二年级升上来，对语言规律性的认识更多集中在字、词上，对"句子是怎么表达的""这样表达新鲜在哪里""为什么句子表达要有新鲜感"等问题，若不加以梳理、探究，学生不会进行深入思考，无法总结出语言表达的规律，导致在自己的语言实践过程中，不能进行有意识地迁移和运用，句子写不出新鲜感。

基于课标、教材和学生学习的实际，本任务的学习主题设定为"探寻写出句子新鲜感的密钥"。

（二）内容的组织

1. 统编教材三年级上册第一单元课文：《大青树下的小学》《花的学校》《不懂就要问》。

本单元的课文在语句表达上的新鲜感主要有：通过对不同地点、不同民族等的描写，让句子有新鲜感；通过想象，用拟人化的语言写出新鲜感；通过对与学生现实生活大相径庭的新鲜事物叙述，让句子有新鲜感……

2. 学生的已有经验：已经在阅读过程中感知到的有新鲜感的句子。

→ 二、目标与评价

（一）目标

语文学科核心素养中的"语言运用"是指学生在丰富的语言实践中，通过主动的积累、梳理和整合，初步形成良好语感，从而在真实的语言情境中，能够达成迁移运用。

三年级学生，已经有了两年的语言学习基础，对字、词的积累与梳理有了一定经验，但对如何写出有新鲜感的句子，尚缺乏梳理与积累的经验，凭借个体的自主阅读，很难发现句子表达上的方法。

基于以上分析，本任务的学习目标确定为：

1. 通过自主梳理、句子对比等方法，感知句子不同的写法有不同的表达效果，发现本单元中有新鲜感句子的表达特点，发展初步的语言鉴赏能力；

2. 发现有新鲜感句子的表达特点，写几句有新鲜感的句子，在实践中发展语言表达能力。

（二）评价标准

设置真实的评价情境，评价学生学习的成效，并用评价表考查学生学习任务的达成度。

1. 评价说明。

本学习任务的评价遵循"教—学—评"一致性的原则，体现"过程性"和"综合性"。评价分两部分进行：第一部分，重点考查学生在此任务学习过程中的情感、态度、交流能力等；第二部分，重点考查学生学习能力的形成，即结合提供的语言材料，学生圈画出有新鲜感的句子，并能用简要的语言说明自己觉得该句子有新鲜感的理由，且能模仿句式进行迁移运用。

2. 评价表。

"探寻写出句子新鲜感的密钥"情感态度形成评价指标

等级	等级描述
☆☆☆	对学习任务有明确的认识,学习过程中不需要提醒,学习主动参与性高。
☆☆	对学习任务有比较明确的认识,学习过程中一般不需要提醒,学习主动参与性比较高。
☆	对学习任务认识一般,学习过程中经常需要提醒,学习主动参与性有待提高。
	对学习任务没有明确的认识,学习过程中不主动,学习不积极。

"探寻写出句子新鲜感的密钥"能力形成评价指标

等级	等级描述
☆☆☆	对句子"有新鲜感"有清楚的认知,能说清楚句子有新鲜感的理由,能按类别梳理出至少一组有新鲜感的句子;能找出语言材料中三处有新鲜感的句子;所写的句子有新鲜感。
☆☆	对句子"有新鲜感"有比较清楚的认知,能较为清楚地说出理由,能按类别梳理出一组有新鲜感的句子;能找出语言材料中两处有新鲜感的句子;所写的句子有新鲜感。
☆	对句子"有新鲜感"有初步认知,能按类别较为准确地梳理出一组有新鲜感的句子;能找出语言材料中一处有新鲜感的句子,大致说得出理由;所写的句子有新鲜感。
	对句子"有新鲜感"缺乏认知,不能按类别梳理出一组有新鲜感的句子;不能找出语言材料中有新鲜感的句子;所写的句子低于三年级学生应有水平。

→ 三、情境与任务

(一) 情境设计

同学们,你们知道怎样学习语言吗? 法国著名作家、教育家阿兰谈及语言学习时曾经说过:"要向大作家学习……我们要学习那最严密、最丰富、最深刻的语句。"而这些"最严密、最丰富、最深刻的语句"往往和我们的日常用语有所不同,能带给读者新鲜感。这次的学习任务,就让我们走进那些有新鲜感的句子,去发现作家把句子写出新鲜感的秘密,并且学习这样的写法,把属于我们自己的所见、所闻、所思、所想和他人分享,写出句子的新鲜感。

(二)任务设计

本次学习任务的主题是"探寻写出句子新鲜感的密钥",主任务是"完成一期主题为'品味有新鲜感的句子'班级微信公众号推文",分三个任务来实现:任务一是"梳理有新鲜感的句子",旨在让学生自己去摘录第一单元课文中有新鲜感的句子,并把摘录的句子进行归类梳理,如按"生活中没有见过的词语""写法特别有意思的句子"等进行整理;任务二是"赏评有新鲜感的句子",结合归类梳理的句子,说说新鲜在哪里,并联结其他阅读资料中相应的句子,交流讨论,丰富积累;任务三是"创写有新鲜感的句子",根据梳理出的句子规律,学着写一写相关的景物或事物。如图所示:

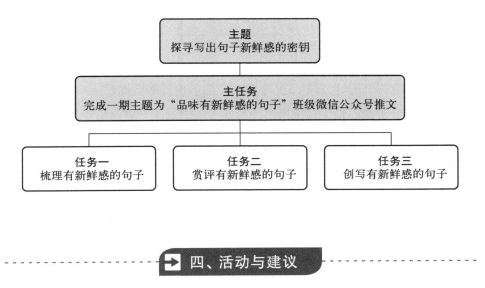

四、活动与建议

(一)活动设计

学生只有走进文本,真切地体会到文本表达的妙处,感悟新鲜词句更能吸引别人的注意,在习作时候,才会主动地学习其写法,在真实的语言表达情境中加以运用。

　　每个人对语言新鲜感的体验是不同的,学生若能选择并摘录对丰富自己言语经验有益的语言材料,就清楚该从此语言材料中获取何种养分。上述三个任务环环相扣:让学生借助摘录,汇聚语言材料;通过统整,梳理语言现象,发现语言规律;展开交流,分享更多收集的语言材料;最后通过实践,在生活中运用。

任务一　梳理有新鲜感的句子

　　任务一由"收集有新鲜感的句子""梳理有新鲜感的句子"和"交流有新鲜感的句子的写法"三个学习活动组成,如下图所示:

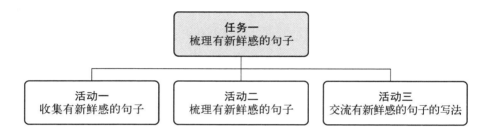

活动一:收集有新鲜感的句子

　　1. 对比第一单元《大青树下的小学》《花的学校》《不懂就要问》3篇课文的题目和插图,梳理发现三篇课文中所写学校的不同之处:一所边疆小学,一所想象中的小学,一所旧式小学(私塾),与自己现今就读的小学进行对比,进一步感受这三所完全不同的学校带来的新鲜感。

　　2. 默读这三篇课文,摘录课文中有新鲜感的句子。并以 10 分钟为限,尽可能从每篇课文中摘录 2—3 句。

活动二:梳理有新鲜感的句子

　　1. 抓住关键词句,在句子中圈画出有新鲜感的句子。

　　2. 在摘抄的句子下方写上原因,再依据原因将摘录的句子进行梳理归类。

　　3. 根据自己的理解,将摘录的句子进行梳理归类,如:

　　(1)语言内容与生活有差异。

　　如:"古老的铜钟,挂在大青树粗壮的枝干上。凤尾竹的影子,在洁白的墙上摇晃……""那时候上课,先生念,学生跟着念,咿咿呀呀,像唱歌一样。"

（2）把事物当成人来写。

如:"最有趣的是,跑来了两只猴子。这些山林里的朋友,是那样好奇地听着。""一群一群的花从无人知道的地方突然跑出来,在绿草上跳舞,狂欢。"

（3）事物排队出现。

如:"这时候,窗外十分安静,树枝不摇了,鸟儿不叫了,蝴蝶停在花朵上,好像都在听同学们读课文。"

……

活动三:交流有新鲜感的句子的写法

1. 在每位学生都有了自己的思考与判断之后,小组围绕问题"这些句子中,哪些地方让你觉得有新鲜感?"进行交流。

2. 每一位组员都要分析自己摘录的句子和梳理归类的依据,从而在不同的视角与理解中,体会句子表达的妙处,互相学习与补充,进而梳理总结出以下几个方面:

（1）写出了与日常生活、常见事物不一样的内容。

（2）把不会说话、不会行动的事物当成人来写,让它们会说话、会行动。

（3）事物连着出现的时候,字数少的排前面,字数多的排后面,最后的那一个可以有变化。

3. 选取优秀的梳理成果,编写成微信公众号推文的第一部分。

任务二　赏评有新鲜感的句子

任务二由"收集有新鲜感的句子""赏评有新鲜感的句子"和"分享自己的赏评成果"三个学习活动组成,如下图所示:

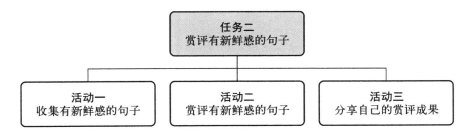

活动一：收集有新鲜感的句子

经过任务一，每个小组都知道了判断句子是否有新鲜感的标准，接下来每位同学对照这些标准去阅读更多的文章，去继续发现有新鲜感的句子，从而进一步探寻写出句子新鲜感的密钥。

提示：对于有困难的学生，教师可以缩小范围，提示学生可从某个单元甚至某篇课文着手，如可以提示学生从本册第七单元的课文里去收集等；对于基础较好的学生，可从教材里其他课文中及课外阅读内容中去收集有新鲜感的句子，摘录到笔记本上。

活动二：赏评有新鲜感的句子

结合任务一整理出来的写法，对新摘录的有新鲜感的句子进行简单评析，通过圈画重点词句、总结对应写法等方法，要求学生在赏评时，重点从"从哪些地方感受到新鲜感""为什么说这样写就有新鲜感"两个方面说清楚自己觉得句子有新鲜感的理由。

活动三：分享自己的赏评成果

1. 小组每一位组员都要分享自己通过自学找到的有新鲜感的句子，重点围绕"从哪些地方感受到新鲜感""为什么说这样写就有新鲜感"分析自己赏评的成果。

2. 小组通过交流讨论，尽量根据任务一确认的标准，选择一两句有新鲜感的句子与之一一对应，以便全班每位同学更好理解小组的判断标准。

3. 小组推荐，全班分享。用以下句式说清楚三个方面的内容：

（1）我们组认为最有新鲜感的句子是什么。

（2）我们组是从哪些地方感受到了句子的新鲜感的。

（3）我们认为这个句子有新鲜感的理由是什么。

三个句式分别回应了"是什么""怎么样""为什么"三个问题，引导学生从"知道"走向"理解"。

4. 全班同学可以在交流分享之后，进一步修改判断句子是否有新鲜感的标准，从而更加全面、准确地总结写出句子新鲜感的密钥。

5. 把各小组整理后的有新鲜感的句子进行汇总，编写成微信公众号推文的第二部分。

任务三　创写有新鲜感的句子

任务三由"创写有新鲜感的句子""分享自己写的句子"和"展示最有新鲜感的句子"三个学习活动组成,如下图所示:

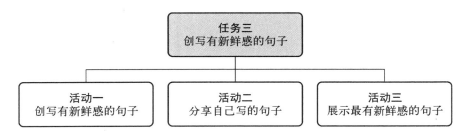

活动一:创写有新鲜感的句子

每位同学结合自己在任务二最后总结出的将句子变得有新鲜感的写法,联系自己独特的生活体验,自主创写,尽量把句子写出新鲜感。

活动二:分享自己写的句子

1. 每位学生把自己创写的句子和小组同学分享,由其他组员来赏评"从哪些地方感受到新鲜感""为什么说这样写就有新鲜感",并且共同商议,选出一句最有新鲜感的句子。

2. 以小组为单位,每位组员都上台分享一句自己写的最有新鲜感的句子,之后全班同学进行赏评,或提出进一步的修改建议。

活动三:展示最有新鲜感的句子

学生进一步修改后,将自己写的最有新鲜感的句子整理上交,编写成微信公众号推文的第三部分,倡议家长、同学跟进点评。

(二)活动建议

1. 教学时间。

本任务建议用2课时完成。任务一和任务二共用1课时完成,任务三用1课时完成。

2. 注意事项。

(1)任务一不要求学生面面俱到,也不要求学生将每一种不同写法的有新鲜感句子都梳理出来,重点在于学生要有自己梳理句子的标准,并能发现所梳理的句子在写法上的奥秘。在交流讨论中,丰富对句子新鲜感的体会和认识。

（2）任务二不要限制学生摘录句子的来源,无论是从教材未学过的课文中摘录,还是从课外书籍中摘录,都要给予表扬和鼓励。

（3）任务三不要故步自封,学生根据梳理出的有新鲜感句子的写法来写,固然是好的,若有学生没有按照梳理出来的方法写,但在遣词造句上的确有新意,也要给予肯定。

五、资源与运用

1. 统编教材三年级上册《大青树下的小学》《花的学校》《不懂就要问》。

2. 统编教材二年级上册《语文园地七》"字词句运用"第 2 题。

3. 统编教材三年级上册第七单元课文《大自然的声音》《读不完的大书》《父亲、树林和鸟》。

4. 三年级学生自主阅读的其他学习资源。

（编写人：浙江省杭州市安吉路教育集团新天地实验学校　曹爱卫）

第10讲　探寻自然秘语

—— 统编教材三年级上册"语言文字积累与梳理"
学习任务群设计

➡ **一、主题与内容**

《义务教育语文课程标准(2022年版)》对"语言文字积累与梳理"这一基础型学习任务群提出要求:"在语文实践活动中,积累语言材料和语言经验,形成良好语感;通过观察、分析、整理,发现汉字的构字组词特点。"在第二学段要关注学生对新鲜词语、精彩句段的积累与运用,丰富个体语言经验,发现、感受语言的表现力。

基于以上解读,本学习主题确立为"探寻自然秘语",旨在依托统编教材,把文学阅读和自然发现密切关联,融通识字、学词、赏句、写话等语文实践活动,把字词句的积累、梳理和运用相结合,促进学生积累与梳理的方法习得,丰富个性化语言资料库,养成阅读中及时积累与梳理语言的好习惯。

(一) 主题的确立

1. 基于儿童成长需求。

探索大自然顺应儿童天性,满足了儿童对未知世界的好奇心和探索欲,让儿童在真实体验与观察实践中不断获取身心成长的原动力。三年级上册第二单元和第七单元的人文主题都是围绕"人与自然"展开的,两个单元的选文从儿童视角出发,从听音、闻味、观景、寻物四个方面呈现了儿童探寻自然的乐趣。本学习主题与单元人文主题相呼应,带领学生在语文实践活动中读懂大自然的秘语,感知大自然的广袤美好。

2. 凸显语文要素。

统编教材三年级上册第二单元的语文要素是"运用多种方法理解难懂的词

语"，三年级上册第七单元的语文要素是"感受生动的语言，积累喜欢的语言"。两个单元语文要素纵向贯通。在第一学段识字学词的基础上，第二学段进一步关注陌生的、难懂的词语，对汉字、词语进行分类与梳理，感知词语传达的画面感，能主动积累描摹事物特征的词语和句子，并尝试运用。

3. 体现学业质量要求。

"新课标"学业质量强调学习字词分类和梳理的方法，要求学生要有意识地整理，主动分享和交流自己的整理成果。本学习主题为"探寻自然秘语"，选文语言丰富生动，充满新鲜感，让学生在主题化、情境化、趣味化的任务和活动中，感受有声、有色、有形的语言，获得身临其境的审美体验，加深对文学作品的思想内涵和审美价值的感悟。

（二）内容的归属

学习内容主要包括三年级上册第二单元和第七单元，紧扣"秘语"，关注单元选文的语言形式结构和内容理解，让学生亲历搜索、梳理、探究、创作的过程，通过梳理与具身体验进一步理解难懂的词语，体会生动语言的独特魅力。因此，本学习内容以"语言文字积累与梳理"这一学习任务群的要求为指导，展开学习任务群设计。

（三）内容的组织

"探寻自然秘语"学习主题适用于三年级上册。

在一、二年级学习和自然主题相关课文的基础上，主要学习三年级上册《铺满金色巴掌的水泥道》《秋天的雨》《听听，秋的声音》《大自然的声音》《读不完的大书》《父亲、树林和鸟》六篇课文，以及课外读物《森林报》。

本学习内容聚焦"语言"进行结构化重组。《铺满金色巴掌的水泥道》《秋天的雨》以儿童视角观察身边的景物，语言用词准确、形象，富有表现力，从颜色、气味等方面描摹事物特征。《听听，秋的声音》《大自然的声音》以想象触发听觉、视觉、触觉，运用形式多样的拟声词，让自然之声可见、可感，体现语言的画面感和表现力；《读不完的大书》《父亲、树林和鸟》运用大量四字词语、连续性叠词和生动精准的动词，体现了语言表达方式的多样性和精准性，给读者无限遐想。《森林报》语言生动，给自然万物赋予人的情感，展示了大自然的四季变化和万物生长，融文学性和科普性于一体。

（一）目标

1. 能够在语文实践活动中，主动关注有新鲜感的词句，运用多种方法理解难懂的词语，并和同学交流自己理解词语的方法。

2. 能够根据自然景物的声音、形状、色彩等，在真实的学习情境中对词语进行搜集、分类和梳理，建立汉字、词语之间的内在联系，能够积累相关词语。

3. 能够在真实交际情境中，通过扮演自然秘语的翻译家、生动语句收藏家和诵读家等方式，整体感受词语的表现力和创造力，丰富对词语积累与梳理的学习经验。

4. 能够在主题情境中，了解大自然四季更替、动物迁徙等自然现象，感知自然世界的丰富多彩，增强对"人与自然"和谐共处的理解。

（二）评价标准

从学习结果的角度评价学习目标的达成情况，需要对本主题下学习任务的完成过程及最终结果，提出具体的、可观测的、可评价的学习要求。

评价任务	评价标准
做自然秘语"翻译家"	1. 能够在阅读中关注难懂的词语，并尝试运用联系上下文、结合生活经验、看插图等多种方法理解"明朗、凌乱、五颜六色、叮咛、歌吟"等词语的意思。 2. 能在真实交际情境中，积极与同学交流自己理解词语的方法，总结自己理解词语的经验。 3. 能够结合自己已有的学习经验，梳理理解难懂词语的方法，并用自己喜欢的图示绘制方法导图。 4. 能与同学交流自己的方法导图，形成遇到不懂的词语可灵活运用不同方法的学习策略。

评价任务	评价标准
做自然秘语"采集官"	1. 能从大自然的声音、季节、动植物等不同角度主动收集和整理描摹事物特征的词语。 2. 能通过分类梳理、比较发现拟声字大都和口字旁有关，且大都是叠词形式，并结合生活经验拓展积累形式多样的拟声词。 3. 能联系生活经验，从声音、形象、情感、动态等方面展开联想和想象，感受生动优美的语言，体会语言表达的丰富性和表现力。 4. 通过边读边想象画面，与同学交流词语的表达作用，感受大自然的奥秘与乐趣。
做自然秘语"推广人"	1. 能有感情地朗读积累的词语和句子，并借助音乐、图片、视频等多媒体手段，入情入境地诵读自己喜欢的语句，体会自然万物的生命力，传递热爱自然、保护自然的情感。 2. 能归类摘抄自己喜欢的语句，并写明出处和感受，与同学交流摘抄卡，了解摘抄对语言积累的作用，养成在阅读中摘抄和积累的好习惯。 3. 能结合自己的生活经验，仿照课文，用上积累的语句写一写大自然的声音和事物，与同学交流、分享学习收获。

➡ 三、情境与任务

（一）情境设计

大自然是一本读不完的大书，等着我们去探索与发现。大自然有自己独特的语言，每只蜜蜂踩着鼓点舞动，每棵树与风儿对话，每朵云向太阳微笑……不一样的声音、不一样的形态、不一样的表达，等着你去用心聆听和感受，去破译大自然语言的密码。

（二）任务设计

围绕"探寻自然秘语"这一学习主题，设计具有内在逻辑的三项任务和七个学习活动。

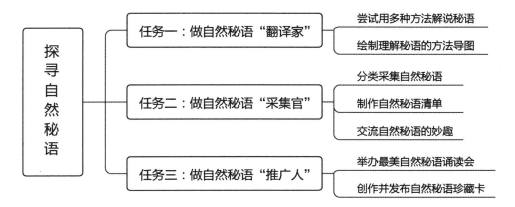

任务一紧扣三年级上册第二单元的语文要素"运用多种方法理解难懂的词语",联系学生在第一学段习得的词语学习经验,引导学生在阅读中遇到不理解的词语时可以用以往学过的方法,也可以运用新的方法来解决问题。通过《语文园地》的思维导图,引导学生结合学习经验梳理、总结理解词语的不同方法,然后绘制自己理解词语的方法导图,形成个人词语学习的独特经验和策略。

任务二以自然探秘为任务驱动,顺应学生的探索天性,带领学生在阅读中分类整理、交流探索大自然的发现。通过"听音、闻味、观景、寻物"等活动,学生了解自然万物生长之奇妙。学生通过自主探究,对自己搜集到的自然秘语进行多角度梳理、归类,从而发现汉字构形、构词等规律,并逐步形成运用的意识和能力。

任务三注重将学生对语言学习的理解和体会外化出来,如诵读、表演、绘画、创写等,综合呈现语言积累和梳理的学习成果。

制作珍藏卡指向语言运用的创意表达,学生可以用喜欢的方式展示自己对大自然的独特感受,将文本阅读与个性表达结合起来,让生动优美的语言可听、可见、可感,促进学生语言、思维、审美的多重生长。

三个学习任务围绕"探寻自然秘语"这一主题有序展开,从"理解、交流、创作"三个层级纵向推进语言积累与梳理,学生经历了从未知到已知,从课本到生活的学习体验,在语境中解读词汇、理解词义、积累语言,从而丰富言语经验,提升言语品质。

（一）活动设计

任务一　做自然秘语"翻译家"

活动一：尝试用多种方法解说秘语

1. 自主阅读《铺满金色巴掌的水泥道》，圈画出难懂的词语。

2. 重点抓住"明朗、凌乱"，引导学生尝试运用看图片、联系生活、实物演示、借助字典等多种方法理解词语的意思。教师根据学生的交流情况，逐步呈现理解词语的不同方法。

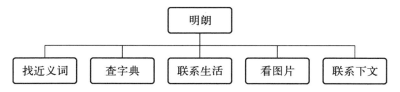

3. 自主阅读《秋天的雨》《听听，秋的声音》，重点理解"五彩缤纷、歌吟、叮咛"等词语，进一步学习运用联系上下文、看图片、借助偏旁表义等方法理解词语。

4. 摘抄本单元中难懂的词语，并与同学交流理解的方法和词语的意思。

难懂的词语	理解的方法	词语的意思	积累同类词语
五彩缤纷	① 联系上下文 ② 找近义词 ③ 联系生活经验 ……	色彩丰富	五颜六色 五光十色 色彩斑斓
叮咛	① 查字典 ② 借助偏旁表义推测 ③ 请教他人 ……	反复嘱咐	叮嘱 嘱咐 吩咐

活动二：绘制理解秘语的方法导图

1. 借助第二单元《语文园地》的思维导图,引导学生交流总结自己理解难懂
词语的方法。

2. 根据图示,绘制方法导图,并写出理解词语的方法。

3. 在班级交流与展示方法导图,并说说自己理解难懂词语的学习感受。

　　我整理了四种理解词语的方法,分别是查字典、联系上下文、
联系生活经验、找近义词。我发现联系上下文和生活经验理解词
语这两种方法用得最多,比较实用。

　　当我在阅读中遇到难懂的词语,用一种方法无法解决时,会
尝试用另一种方法,有时候还会同时使用几种方法。

4. 课外阅读《森林报》，与同学交流理解难懂词语的不同方法，并开展学习表现评价。

"运用多种方法理解难懂词语"的评价标准

评价内容	评价等级		
	优秀	良好	合格
运用多种方法理解难懂的词语	1. 能主动关注阅读中难懂的词语； 2. 能灵活运用多种方法在语境中正确理解词语的意思； 3. 愿意主动交流自己理解词语的方法，能主动总结自己的语言学习经验。	1. 能比较主动关注阅读中难懂的词语； 2. 能运用多种方法在语境中理解词语的意思； 3. 能基本交流自己理解词语的方法，初步总结自己的语言学习经验。	1. 能在提示下关注阅读中难懂的词语； 2. 能初步运用多种方法在语境中理解词语的意思； 3. 能初步交流自己理解词语的方法，在提示下总结自己的语言学习经验。

任务二　做自然秘语"采集官"

活动一：分类采集自然秘语

1. 自主阅读《大自然的声音》，找一找大自然里藏着哪些奇妙的声音。借助导图分类梳理，完成大自然声音的采集卡。

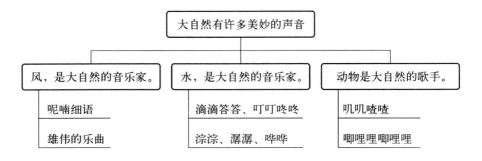

2. 联系生活说说你还听到过哪些美妙的声音，归类整理拟声词宝库，并和同学讨论交流，发现拟声词的构词规律和表达特点。

3. 比较探究。读一读,说一说:不用拟声词,作者是如何写大自然美妙的声音呢?

> 当微风拂过,那声音轻轻柔柔的,好像呢喃细语,让人感受到大自然的温柔。
>
> 当狂风吹起,整座森林都激动起来,合奏出一首雄伟的乐曲,那声音充满力量,令人感受到大自然的威力。

4. 尝试用上拟声词,展开想象,模仿课文写法写一写大自然美妙的声音,和同学交流分享。如:"鸟儿是大自然的歌手……""大自然是辽阔的音乐厅……"

活动二:制作自然秘语清单

1. 自主阅读《读不完的大书》,在文中找一找大自然中"好玩的东西",分类整理大自然的事物,写一份自然秘语清单,并与同学交流。

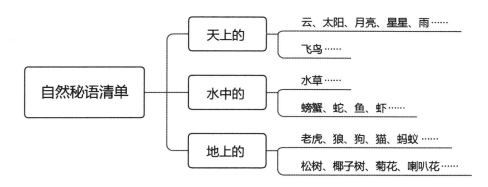

2. 这么多的事物,作者还用上了许多四字词语来描写,请运用合适的词语完成语段填空,反复朗读体会用上这些四字词语有什么好处。

> 高远的天空,广阔的大地,空中的(　　　　　),水里的(　　　　　),地上的(　　　　　)、(　　　　　)……世界万物,不仅好玩,还让人沉思和遐想。

3. 用上这些四字词语让语言表达既简洁又丰富,读起来特别具有节奏感。在课外阅读中主动搜集和整理描写大自然的词语,读一读,背一背。

描写自然万物的词语宝库

课内积累

浮云飞鸟　　虾蟹游鱼　　走兽昆虫　　花草树木

春夏秋冬　　暑寒荣枯　　梅兰竹菊　　江河湖海

课外积累

日月星辰　　山川河流　　风雨雷电　　风花雪月

飞禽走兽　　花鸟鱼虫　　豺狼虎豹　　草木虫鱼

我还能积累描写四季和颜色的词语……

活动三：交流自然秘语的妙处

1. 大自然的秘语有很多,我们要如何读懂大自然的这本大书,理解自然的秘语呢?仔细阅读《读不完的大书》《父亲、树林和鸟》,画出自己喜欢的语句,思考作者是从以下哪个角度来写大自然中的事物的,在文中作好批注。

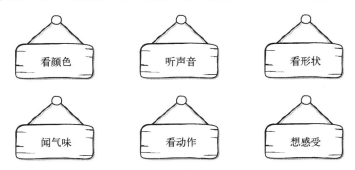

2. 从文中找出类似的语句读一读,与同学交流：说说这些语言妙在何处?

> 　　花儿有红的、黄的、紫的、蓝的,花瓣有单瓣的、重瓣的,千姿百态。草的叶子各不相同,有长有短,有宽有窄,有的还带着刺。
>
> 　　我只闻到浓浓的苦苦的草木气息,没有闻到什么鸟的气味。
>
> 　　我茫茫然地望着凝神静气的像树一般兀立的父亲。

小麻雀叽叽喳喳、蹦蹦跳跳的,叫人愉悦。

老鹰在高空盘旋,展翅滑翔,突然猛扑而下,给人以雄健勇猛的感觉。

蚂蚁搬家,井然有序,当两军对垒时,勇敢忠贞的精神,真叫人敬佩。

3. 在交流分享中引导学生归类与比较,总结作者描写静态事物时,往往用到"看颜色、看形状、闻气味"的方法,而描写动态事物时,往往用"听声音、看动作、想感受"的方法。

4. 摘抄积累文中生动的语句,并写一写自己的感受,体会大自然的无穷奥秘与无尽乐趣。

我喜欢的语句 _____

_____

我的阅读感受 _____

_____

任务三 做自然秘语"推广人"

活动一:举办最美自然秘语诵读会

1. 撰写一份"最美自然秘语诵读会"的邀请函和节目单。

2. 个人或小组合作完成自然秘语诵读展示。

(1) 同桌讨论:怎样诵读才能把语言的画面感表现出来呢?

句子里有很多四字词语、相似结构的短语,读的时候要注意停顿和语速的变化,读出句子的节奏感和画面感。

遇到描写事物动态和静态的画面,我们要读出变化。比如,可以加上动作和表情来表现事物的特点,还可以变化语音和语调,读出身临其境的效果。

（2）模拟练习。

> 大家好，我/我们是_____，今天很高兴能参加本次最美自然秘语朗诵会。我/我们给大家诵读的美文是《_____》，这篇文章的语言生动优美，让我们仿佛置身于五彩斑斓的世界。
>
> 下面，让我们跟随作家的笔触一起走进大自然，聆听大自然的秘语，感受大自然对人类的馈赠……

3. 评选最佳朗读家，与同学交流评选理由。

最佳朗读家的评价标准

内容	优秀 （17—25分）	良好 （8—16分）	合格 （0—7分）	得分
语音	吐字清晰、发音准确、能准确把握停顿和重音。	吐字清晰，发音基本准确，能注意把握停顿和重音，且处理基本正确。	吐字不够清晰，发音不够准确，对停顿和重音的处理不够恰当。	
语调、语速	与作品风格相匹配，语调恰当，朗读十分流畅。	能注意语调、语速，并与作品风格基本合适，朗读比较流畅。	不能用恰当的语调、语速进行朗读，朗读不够流畅。	
情感	能正确理解作品内容和把握感情色彩，通过朗读把情感充分表达与传递出来，具有感染力。	能正确理解作品内容，基本把握感情色彩，能通过朗读把情感基本表达出来。	基本理解作品内容，较为准确地把握感情色彩，但是朗读表现力不够。	
仪表、动作、神态	动作大方，表情自然、生动，能将作品内容通过肢体、表情加以表现，与作品风格相一致。	动作比较大方，表情比较自然，肢体和表情和作品内容风格基本一致。	动作比较拘谨，上台表情不够自然，朗读时肢体、神情与作品风格不够协调。	
总评	优秀（90—100分）　良好（75—89分）　合格（60—74分）			
	总分（　　）　等级（　　）			

活动二：创作并发布自然秘语珍藏卡

1. 借助《语文园地》"交流平台"，交流摘抄积累的好方法与好习惯，完成精彩词句的摘抄。

2. 学习第二单元习作，了解日记的格式、要求。说说写日记的好处。

3. 借助"自然笔记"资料袋，了解自然笔记的特点和方法，尝试自己做一张自然秘语珍藏卡。

制作要求：

（1）和爸爸妈妈一起亲近自然，观察大自然中好玩的事物，可以用拍照、绘画、文字等方式记录下来，写一写观察日记。

（2）按照日记格式，写上观察时间、天气、地点和记录人。

（3）尝试运用积累的词语和句子，写一写自己的观察与发现，写完后与他人分享交流。

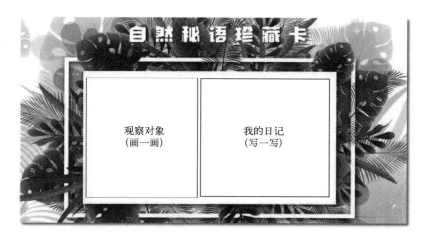

4. 举办展览会，向同学和老师介绍自己的自然秘语珍藏卡。说说自己发现了大自然哪些有趣的事物，了解了大自然的哪些奥秘。

（二）活动建议

1. 教学课时的整体安排。

"探寻自然秘语"学习内容涵盖统编教材三年级上册第二、第七两个单元中六篇课文、《森林报》以及第二单元习作、《语文园地》部分内容，共计14课时。安排如下：

学习任务	学习活动	学习内容	课时安排
任务一：做自然秘语"翻译家"	活动一：尝试用多种方法解说秘语	《铺满金色巴掌的水泥道》《秋天的雨》《听听，秋的声音》	2
	活动二：绘制理解秘语的方法导图	《语文园地二》中的"交流平台"《森林报》	2
任务二：做自然秘语"采集官"	活动一：分类采集自然秘语	《大自然的声音》	2
	活动二：制作自然秘语清单	《读不完的大书》《语文园地二》中的"词句段运用""日积月累"	2
	活动三：交流自然秘语的妙处	《读不完的大书》《父亲、树林和鸟》《语文园地七》中的"交流平台"	2
任务三：做自然秘语"推广人"	活动一：举办最美自然秘语诵读会	第二、第七单元课文，自己喜欢的课外阅读美文	2
	活动二：创作并发布自然秘语珍藏卡	第二单元习作《写日记》	2

2. 任务群实施的学习策略。

（1）归类识记的策略。

本学习任务群设计始终把诵读、积累与梳理三大语文实践活动统整实施，增加学生对高品质语言的感知力、理解力和表现力，帮助学生进行语言积累，丰富语言经验，养成积累习惯，落实"语言文字积累与梳理"学习任务群第二学段的要求。

基于学生的学情起点，由易到难，从一个到一组、一组到一群，借助学习工具帮助学生在归类梳理中发现拟声词的字形、节奏、形式等特点。结合儿童生活场景展开运用，读词语、想画面、明意思、能诵读、会积累，促进三年级学生主动积累和梳理的能力提升，在归类识记过程中不断发现运用语言文字的规律。

（2）比较探究的策略。

本学习任务群的学习活动组织始终以学生为中心，在教学中主要运用到三种比较探究：第一是指向语音层面，引导学生在反复诵读中体会语言的节奏和韵味。第二是指向语义层面，语言字面的形式往往容易发现，但是形式背后的文化内涵和构词规律对学生来说却是秘密。因此在教学中，要不断引导学生体会生动语言背后表达的秘密。第三是指向语体层面，学生从阅读中大量积累语言，不断把高品质书面语言转化为自己的语言材料。教学中要把学生的原生态语言和作家的高品质语言进行比较，才能让学生发现作家语言表达背后独特的观察视角和思维方式，从而提升语言品质。

（3）具身认知的策略。

丰富语言仓库和语言经验必须建立在沉浸体验式的语言实践活动中。教学中要让学生运用多种感官参与，让语言有形、有色、有味、有情，让学生在感知、梳理、积累、运用、反思中不断推进学习，形成对语言的整体认识，如此才能加深语言文字文化内涵的体悟。

五、资源与运用

练 习 与 测 评

一、走过四季，体会四季之美。

大自然是丰富多彩的：春之清新，夏之灼热，秋之斑斓，冬之静穆，季季精彩。古往今来，人们欣赏着大自然的美景……请积累与四季相关的词语。

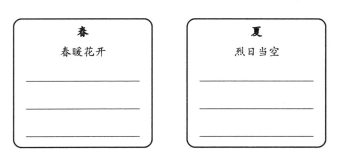

秋	冬
金秋时节	白雪皑皑
_____	_____
_____	_____
_____	_____

二、聆听自然之声,填写拟声词。

1. 不一样的虫鸣。

蟋蟀的歌声——(   )

蜜蜂的歌声——(   )

蝉的歌声——(   )

2. 不一样的鸟叫。

布谷鸟的歌声——(   )

麻雀的歌声——(   )

百灵鸟的歌声——(   )

3. 不一样的水声。

雨点滴落的声音——(   )

溪流解冻的声音——(   )

海浪翻滚的声音——(   )

4. 不一样的说话声。

树叶和树枝说话的声音——(   )

北风和云朵说话的声音——(   )

青蛙和荷叶说话的声音——(   )

5. 厨房里的音乐会。

切菜的声音——(   )

洗碗的声音——(   )

炒菜的声音——(   )

火苗的声音——(   )

三、奇趣大自然，一起读《森林报》。

1. 好书导读。

《森林报》是苏联科普作家和儿童文学家维·比安基的代表作，采用报刊形式，按照春夏秋冬四季十二个月的顺序，有层次地播报森林中的新闻。这本书用生动的语言、引人入胜的故事，向我们介绍了一些有趣的森林朋友，这些奇妙的生命组成了充满乐趣的森林世界，期待小朋友们去阅读、去发现。

2. 阅读实践。

在《森林报》中每天都上演着妙趣横生的森林新闻，有顽强的秃鼻乌鸦、狡猾的狐狸、笨笨的琴鸡、玻璃似的青蛙、优雅的天鹅、流泪的白桦、奇异的蘑菇……请你根据一年四季的顺序，将它们进行归类和整理。可以写一写认识的大森林里有趣的朋友，也可以摘抄积累好词好句，还可以写一写自己的阅读感受。尝试做一份你自己的《森林报》，和同学一起交流阅读成果。

学 习 资 源

自然笔记资料袋

1. 什么是自然笔记？

自然笔记是人类观察、认知、记录自然万物的一种方式。通过拍照、绘画、手工制作等方式给大自然写日记，记录自己在大自然中的体验过程，记录下与大自然之间的故事。

2. 为什么要做自然笔记？

人类是大自然的一部分，我们的内心深藏着亲近自然和回归自然的渴望。通过对自然观察，以自然笔记的形式来深入地了解和融入自然，能帮助我们静下心，提高观察能力和专注力。我们还能在自然探索过程中遇到很多新奇的事物，培养自己的探究力和创造力。

（编写人：浙江省杭州市天长小学　王林慧）

第 11 讲　火眼金睛辨汉字

——统编教材四年级上册第八单元"语言文字积累与梳理"
学习任务群设计

➡ 一、主题与内容

（一）主题的确立

《义务教育语文课程标准（2022 年版）》中指出："第二学段累计认识常用汉字要达 2500 个左右，其中 1600 个左右要会写。"大量的同音字、形近字等都在考验着学生的识字能力，错别字问题出现率呈逐年递增趋势。

统编教材四年级上册第八单元的《语文园地》中的"词句段运用"板块有两项内容。其中第一项内容安排了抄写易错生字，具体要求是"抄写词语，注意加点的字不要写错。平时还有哪些字容易写错？和同学交流"。意在引导学生通过抄写词语，关注汉字中的易错笔画或偏旁，提高正确书写的能力。

对四年级学生的作业本、作文、日记等进行调查，可以发现学生虽然积累了一定的识字量，但错别字现象比较严重。语言文字使用不规范，不但影响了学生的表达与交流，还阻碍了小学生语文学习能力的提高和语文素养的提升。基于以上实际情况分析，本任务的学习主题确定为"火眼金睛辨汉字"。

（二）内容的归属

"新课标"在"课程内容"安排中指出："引导学生在语文实践活动中，积累语言材料和语言经验，形成良好语感；通过观察、分析、整理，发现汉字的构字组词特点，掌握语言文字运用规范，感受文字的文化内涵，奠定语文基础。"从中不难看出，本任务群包括三方面内容：语言材料和语言经验的积累和梳理；汉字构字特点和规律；语言文字的规范运用。"语言文字积累与梳理"任务群对第二学段提出的要求就是"关注校内外汉字和标点符号的使用情况,整理自己的发现并和同学交流"。

(三)内容的组织

统编教材四年级上册第八单元的《语文园地》中的"词句段运用"第一项内容安排了抄写易错生字,并引导学生与同伴交流平时还有哪些易错字,意在让学生通过抄写词语,关注汉字中的易错笔画或偏旁,提高正确书写汉字的能力。此题梳理了汉字容易写错的几种情况:与同音字混淆,如"厉"容易写成"历";与形近字混淆,如"拔"容易写成"拨";增减笔画,如"茂"容易多一点,"雀"容易少写一横;改变笔画,如"降"易将"竖折"这一笔画写成"竖"和"横"两个笔画。

第二单元《学习园地》中的"识字加油站"板块出现的形近字和第八单元《语文园地》中的"识字加油站"板块出现的同音字,都是学生容易写错的生字。在语文学习中,第二学段的学生和第一学段的学生相比,积累了更多数量的汉字,但在语言文字规范化使用中存在更多问题,集中表现在书写时与同音字、形近字混淆,增减笔画,改变笔画等。第二学段的学生尚缺乏对语言文字规范化使用的意识和能力,社会上滥用谐音字、繁体字、简体字等现象也会影响他们规范使用语言文字。

→ 二、目标与评价

(一)目标

"新课标"在第二学段目标的"梳理与探究"内容要求中提出:"尝试分类整理学过的字词;开展有趣味的语文实践活动,在活动中学习语文,学会合作;能提出学习和生活中的问题,有目的地搜集资料,共同讨论。"第二学段,由于学生识字量增加,错别字也增多,需要引导学生把自己学习、生活中的错别字进行梳理、分类整理,探究错别字产生的原因。

根据以上分析,确定以下学习目标:

1. 通过搜集学校、社区、商场等不同场景的错别字,开展"语言文字规范使用"情况调查,强化规范运用语言文字的自觉意识。

2. 运用整理、归类等方法梳理错别字手账本上的错别字,形成错别字清单,并列出"高频错别字",研究错别字产生的原因,主动与他人交流自己的发现,养成规范使用语言文字的良好习惯。

3. 通过活动成果展示,探究并运用多种方法预防错别字、纠正错别字,增强规范使用语言文字的社会责任感,加深对祖国语言文字的热爱之情。

(二)评价标准

1. 评价说明。

本学习任务群设置了真实的学习情境,引导学生在校园、家庭、社会中学语文、用语文,并将过程性评价与成果评价相结合,融于学生语文实践的整个过程,真实、完整地记录学生参与语文实践活动的整体表现,关注学生在活动中表现出来的观察问题、发现问题、解决问题的兴趣和能力,以及团队合作能力。

三项任务主要采用了过程性评价和成果评价的评价方式,借助评价引导学生反思学习过程。任务中讲述错别字故事、梳理错别字手账本、形成错别字问题清单、列出高频错别字、开出错别字"纠错处方"、汇编错别字"纠错处方"集、举行易错字听写大会等作为考核内容。开展多元评价,帮助学生在语文学习中实现自我成长。

2. 评价表。

"寻找错别字"(任务一)评价表

评价内容	评价标准			自评	生评	师评
	☆	☆☆	☆☆☆			
信息分享	准确、流利地与同学分享错别字故事。	准确、流利、有感情地与同学分享错别字故事。	选择背景音乐或背景画面,准确、流利、有感情地与同学分享错别字故事。			

评价内容	评价标准			自评	生评	师评
	☆	☆☆	☆☆☆			
信息收集	能够从自己和同学的作业本、社区、街头、网络等场景找出 10 处读错、写错、用错字的例子。	能够从自己和同学的作业本、社区、街头、网络等场景找出 15 处读错、写错、用错字的例子。	能够从自己和同学的作业本、社区、街头、网络等场景找出 20 处及以上读错、写错、用错字的例子。			
信息交流	能够运用一种方式汇报错别字调查情况。	能够运用一种方式完整、流利地汇报错别字调查情况。	能够运用多种方式完整、流利地汇报错别字调查情况。			

"辨析错别字"(任务二)评价表

评价内容	评价标准			自评	生评	师评
	☆	☆☆	☆☆☆			
团队合作	能对自己调查的错别字进行整理、归纳。	能主动和同伴一起对调查的错别字进行整理、归纳。	能主动和同伴一起对调查的错别字进行整理、归纳，并分类。			
主动探究	能参与研究错别字形成的原因。	能主动参与研究错别字形成的原因，并表达想法。	能主动参与研究错别字形成的原因，并主动表达自己的想法。			
创造创新	能够为他人不规范用字、用词的问题提出 1 条建议。	能够结合自己观点，为他人不规范用字、用词的问题提出 2 条建议。	能从多个角度为他人不规范用字、用词的问题提出 3 条及以上建议。			

"展示纠错成果"(任务三)评价表

评价项目	评价标准			自评	生评	师评
	☆	☆☆	☆☆☆			
汇编错别字"纠错处方"集	能在小队分享自己的调查结果和解决方法,与小队汇编错别字"纠错处方"集。	能主动、大方地在小队、班级等不同范围内,分享自己的调查结果和解决方法,积极参与小队汇编错别字"纠错处方"集。	能主动、大方地在小队、班级等不同范围内,分享自己的调查结果和解决方法,积极参与班级汇编错别字"纠错处方"集,并能提出合理的建议。			
开展易错字"听写大会"	书写姿势和执笔姿势正确,字迹工整,书写基本规范,错别字少于6个。	有良好的书写习惯,字迹工整,书写规范,错别字少于3个。	有良好的书写习惯,字迹工整、漂亮,书写非常规范,没有错别字。			

------------------------------- ➡ 三、情境与任务 -------------------------------

(一)情境设计

学校是推广普通话、推行规范汉字的重要阵地。每年九月,很多学校都会在"全国推广普通话宣传周"期间举办很多活动。针对第二学段学生平时误读、误写、误用语言文字现象,以"火眼金睛辨汉字"为学习主题,引导第二学段学生开展错别字搜集与梳理、探究与交流、成果展示等活动,培养学生规范使用语言文字的良好习惯。

(二)任务设计

本次学习任务主题是"火眼金睛辨汉字",主任务是"我是规范用字小卫士",分为三个任务、十个活动完成,如下图所示:

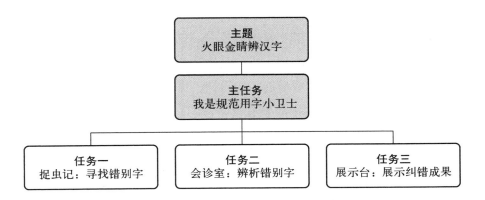

任务一是"捉虫记：寻找错别字"。通过举办错别字故事会,学生分小队在校内、校外不同的场景中寻找错别字,并对错别字调查情况进行汇报,强化学生规范运用语言文字的自觉意识。

任务二是"会诊室：辨析错别字"。学生通过整理、归类等方法梳理"错别字手账本"上的错别字,并列成一份"错别字清单",然后对高频错别字进行"会诊",探究错别字问题形成的原因,开出错别字防错、纠错的处方,让学生在语文学习活动中提高发现问题、解决问题的能力。

任务三是"展示台：展示纠错成果"。学生汇编错别字"纠错处方"集,开设"不错老师"微课堂,开展易错字听写大会,评选出优秀"规范用字小卫士",培养学生规范使用语言文字的良好习惯。

四、活动与建议

(一) 活动设计

任务一　捉虫记：寻找错别字

该任务由"错别字故事会""寻访错别字身影""汇报错别字调查情况"三个活动组成。

活动一：举办错别字故事会

错别字分为错字和别字，错字是本无其字，书写时在字的笔画、字形或结构上有错，指的是字形错误的字。别字指的是确有此字，只是张冠李戴了，本该用这个字，却成了另一个同音字或形近字，例如把"犹如"写成"优如"，把"八戒"写成"八戎"等，类似这样的错别字故事有很多，在我们的生活和学习中闹了不少笑话。

1. 收集错别字故事。

布置学生分小队收集课内外有关错别字的故事，为故事会做好准备。

2. 举办错别字故事会。

（1）确定讲故事的人选和故事会节目单。

错别字故事会节目单

序号	小队	故事题目	讲述者
1	啄木鸟小队	《白字县官》	
2	金龟子小队	《高山滚石之妙》	
3	杜鹃鸟小队	《一筐琵琶》	
4	猫头鹰小队	《孔庙门前的错别字》	
5	红蜻蜓小队	《差不多先生传》	
……	……	……	

（2）举办错别字故事会，明白规范用字的重要性。

听完故事，学生交流体会。从故事中，我们知道了错别字给人们的学习和生活带来了不良影响，甚至是很大的危害，我们要找出周围的错别字，并且想办法消灭错别字。

活动二：寻找错别字身影

1. 以小队为单位，制订调查错别字活动方案。

(　　)小队调查错别字活动方案

队长：		队员：	
寻访时间：		寻访地点：	
活动准备：			
队员分工			
汇报方式			

2. 各小队队员根据活动方案分工合作,在同学们的作业本、书报杂志、街头招牌等找出错别字、谐音字、繁体字、简体字等用字不规范现象,并记录在小队的错别字手账本上。

活动三：汇报错别字调查情况

各小队把在校内外调查错别字情况进行分类统计,整理成文字或表格,并制作成演示文稿,由小队代表在课堂上进行汇报。

小队队员在调查过程中发现有些同学的作业本和周记本、作文本错别字比较多,主要集中在同音字、形近字混淆,增减笔画,改变笔画等方面。公共场所用字也不规范,除了错别字,利用汉语"同音语素多"的特点替换同音、近音字词的现象也比比皆是。对祖国语言文字的不规范使用,会对我们中华文化的传承产生不良影响。

任务二　会诊室：辨析错别字

该任务由"梳理错别字问题清单""探究错别字成因""开出错别字'纠错处方'"三个学习活动组成。

活动一：梳理错别字问题清单

1. 把"错别字手账本"上的记录整理在问题清单上,并分类整理。

(　　　)小队错别字问题调查清单

队长：			队员：	
范围	时间	出处	找到的问题	纠错
校内				
校外				

2. 根据错别字问题清单，列出"高频错别字"（括号中是正确的字），如：

以经（已）　　　时侯（候）　　　既使（即）　　　九洲（州）

凑和（合）　　　茶叶（茶）　　　拔打（拨）　　　感概（慨）

迫不急待（及）　再接再励（厉）　金榜提名（题）　黄粱美梦（梁）

谈笑风声（生）　衣衣不舍（依）　大展宏兔（图）……

活动二：探究错别字成因

1. 聚焦高频错别字，讨论其形成的原因。

（1）同音字混淆："已经"误写为"以经"，"迫不及待"误写为"迫不急待"等。

（2）形近字混淆："戎"误写为"戒"，"即使"误写为"既使"，"挺拔"误写为"挺拨"，"感慨"误写为"感概"等。

（3）增减笔画，主要有以下现象：多横少横：洒—酒，荼—茶等；多竖少竖：候—侯等；多撇少撇：拔—拨等；多点少点：乌—鸟，准—淮等。

（4）意思混淆："凑合"写成"凑和"，"金榜题名"写成"金榜提名"，"的""地""得"混用，等等。

（5）不明典故："墨守成规"写成"默守成规"，原因是不知道其中的"墨"是指战国时期的人物；"黄粱美梦"写成"黄梁美梦"，不清楚"黄粱"是指一种粮食"小米"。

（6）滥用谐音字：服装店店名是"衣衣不舍"，眼镜店店名是"睛喜眼镜"，围棋学馆的名称是"乐在棋中俱乐部"。又如"心想'柿橙'""大展宏'兔'""'兔'飞猛进""扬眉'兔'气"等。

（7）还有对字义不加分析而出错的：及—急，辩—辨等。

（8）由于心急而出错，写着前一个字，却在想后一个字。

活动三：开出错别字"纠错处方"

1. 小队队员讨论并探究纠正错别字的方法。

2. 全班同学交流纠正错别字的方法。

3. 根据错别字防错、纠错策略，学生可以结合梳理出的高频错别字参照下图开出错别字"纠错处方"，也可以自己设计"纠错处方"。

错别字纠错处方一

症状："已经"写成"以经"，"迫不及待"写成"迫不急待"等。

临床诊断：同音字混淆。

处方：理解字义，推想字形，有效避免错别字。

任务三　展示台：展示纠错成果

本任务由四个活动组成，以展示学生学习成果。

活动一：汇编班级"纠错处方"集

各小队根据本队开出的错别字"纠错处方"汇编到班级错别字"纠错处方"集。

活动二：开设"不错先生"微课堂

1. 推荐学生阅读《有趣的中国汉字》——《挥别错别字》《再别错别字》，观看

《字有功夫》易错字辨析动画视频,了解更多的错别字小知识,为开设"不错老师"微课堂做好充分的准备。

2. 各小队队员扮演错别字纠错小老师,开设"不错老师"微课堂,充分利用语文课前五分钟时间,向同学分享自己消灭错别字的小妙招。

3. 精选出六个消灭错别字的"小妙招",并把这六个小妙招拍成微视频供大家观看。

活动三:开展易错字听写大会

1. 主持人宣读易错字听写大会的内容和要求:从统编教材四年级上册要求写的生字词中挑选易错字和"纠错处方"集中的"高频错别字"。

2. 进行现场听写测试。

3. 现场评选出听写大会的优胜者。

活动四:评选"规范用字小卫士"

1. 根据各小队学习活动开展情况,评选学校"规范用字小卫士"。

2. 为"规范用字小卫士"颁发聘任证书。

3. 布置"规范用字小卫士"帮扶学习任务。

人人参与自我监督和帮助同学规范用字的活动,消灭或减少不规范用字现象,坚持记录"错别字手账本",并定时梳理,在平时的防错、纠错活动中继续补充、完善错别字"纠错处方"集。

(二)活动建议

1. 教学时间。

本任务建议用 7 课时完成。任务一用 3 课时完成,任务二用 2 课时完成,任务三用 2 课时完成。

2. 注意事项。

(1)学生在任务一调查校内外错别字的时候,要求小队先制订好调查活动方案,并合理分工。在制订方案时,老师要给予适当的引导。这样,学生在调查错别字的实践活动中,才会有明确的方向和目标。

(2)由于每一位学生的个体情况不同,所以集中表现出的错别字也不同,学生在任务二"辨析错别字"时,教师要让每位学生都参与到探究错别字成因的学习活动中,不要让课堂成为几个优秀孩子的舞台,因为中等生和学困生在作业中出现的错别字现象更多,问题更突出。活动中,要多鼓励学生学会梳理,积极探究,形成成果。

（3）任务三虽展示了错别字纠错成果,但错别字纠错活动并不应停止,这是一项长期的学习活动,要鼓励每一位学生承担起"规范使用汉字"的责任,并把活动渗透到平时的语文学习中。

五、资源与运用

练 习 与 测 评

一、选择正确的生字填在括号里。

籍　藉

户（　）　狼（　）　慰（　）　书（　）

辩　辨　辫　瓣

（　）别　花（　）　麻花（　）　争（　）

燥　躁

暴（　）　干（　）　稍安勿（　）　（　）热　急（　）

博　搏

（　）大精深　（　）斗　渊（　）　拼（　）　地大物（　）

二、请把词语中画线字的正确写法写在括号里。

山地车广告：骑乐无穷　（　）　眼镜广告：一明惊人　（　）

钢琴广告：琴有独钟　（　）　餐饮店广告：烧胜一筹　（　）

空调广告：终生无汗　（　）　驱蚊器广告：默默无蚊　（　）

吉祥祝福语：前兔似锦　（　）　心想柿橙　（　）（　）

三、请在错字下面画上"____",然后在括号内写上正确的字。

1. 晓军同学在这次校运动会上摘得了三枚金牌,真是太历害了。(   )

2. 春暖花开之时,我们一家三口躯车来到了海滨渡假村游玩。(   )
(   )

3. 爸爸在"抗疫"中勇做先峰战士,他常常因接到艰巨的"战役"任务,熬过一个又一个通霄。(   )(   )

学 习 资 源

1. 统编教材四年级上册第八单元《语文园地》"词句段运用"第 1 题:

抄写下面的词语,注意加点的字不要写错。平时还有哪些字容易写错?和同学交流。

茂盛　　投降　　赞叹　　麻雀　　胸怀　　既然
暮色　　拨打　　裤子　　出塞　　富饶　　严厉

2. 统编教材四年级上册的"识字表""写字表""词语表"。

（编写人：浙江省杭州市建德市新安江第二小学　　廖　宏）

第12讲　我的汉字导图

——统编教材四年级上册"语言文字积累与梳理"
学习任务群设计

（一）主题的确立

进入第二学段,学生识字、写字数量和学习的语言材料逐渐增加,《义务教育语文课程标准(2022年版)》课程目标中对识字与写字的要求,"语言文字积累与梳理"任务群的学习内容,以及对学生学习汉字的态度、能力要求等有了明显提升,"新课标"还对识字、写字提出了初步梳理的要求:"在真实的语言文字运用情境中独立识字与写字,初步梳理常用汉字形、音、义之间的联系。"

统编教材在第二学段的《语文园地》中安排了15次"识字加油站",将能体现汉字规律和特点的字,编排在一起作为识字材料,采用灵活多样的方式,引导学生学习一些常用字。主要分为三类:一类是直接通过偏旁加一加、减一减、换一换来识字,并借助词语理解字义;一类是借助偏旁识字,理解词义,积累词语;一类是借助与生活相关联的词语,在语境中识字学词,生字多与形声字相关。

借助汉字偏旁部首和形声字规律来识字是学生常用的一种识字方法。到了第二学段,尤其是四年级的学生,已经掌握多种识字方法,具备较充分的自主识字经验和能力。但进入第二学段后,学生的识写数量加大,出现了错别字增多的现象,尤其是形近字极容易混淆,学生对汉字的识记停留在表层现象,并没有从汉字源头去梳理发现识写规律。

基于此,根据"语言文字积累与运用"任务群的特点,本任务以四年级上册

《语文园地》中的"识字加油站"为主要学习内容,指导学生联系已有经验,在积累的基础上,侧重形声字规律的梳理,进一步发现汉字构字组词特点,感受汉字魅力,将学习主题设定为"我的汉字导图"。

(二)内容的归属

"新课标"第二学段中关于"语言文字积累与梳理"的学习内容共有三条,其中一条是"在真实的语言文字运用情境中独立识字与写字,初步梳理常用汉字形、音、义之间的联系"。要求学生要在语文实践中,不断巩固自主积累的习惯,有意识地对积累的语言材料进行系统梳理与整合,将相关语言知识结构化,在探究中理解掌握语言文字运用的基本规律,实现知识与能力的迁移。第二学段语文教材在《语文园地》中共编排了15次"识字加油站",这为学生进一步积累巩固识字方法,为建构"语言文字积累与梳理"任务群提供了丰富的学习资源。

(三)内容的组织

1. 教学内容:统编教材四年级上册"识字加油站"。

四年级上册一共编排了4个"识字加油站"。其中,2次是直接指向日常生活和学习中积累生字,如与花卉、蔬菜有关的词语等。另外2次以形声字规律分类编排,有的以偏旁部首归类编排,有的以汉字换偏旁或加偏旁成新字的形式编排。在此基础上,拓展阅读相关文本材料,丰富学习资源,培养学生对汉字的情感,增强对祖国语言文字的热爱。

2. 学生的已有经验。

三年级教材中也编排了8次类似的"识字加油站",学生具备一定的归类识字能力。

▶ 二、目标与评价

(一)目标

第一学段学生处在学习识字阶段,"语言文字积累与梳理"任务群主要围绕

"特点体认"与"分类整理"展开,对于梳理的要求较低。第二学段开始出现了对语言文字进行初步梳理的要求。所以,教师要注重引导学生根据需要,运用自己喜欢的方式梳理已经学过的常用汉字,在对学习材料的梳理中发现汉字形、音、义之间的联系,并在课外生活中鼓励学生运用规律独立识字,积极主动构建自己的汉字图谱,初步形成系统的归类思想。基于此,本任务的学习目标确定为:

1. 通过对学习材料的梳理,发现常用汉字的构字特点和规律,借助偏旁或形声字特点识记、理解汉字意义,初步建立汉字与生活中事物、行为的联系。

2. 能把具有相同或相似特征的汉字进行分类,梳理常用汉字形、音、义之间的联系,并能在真实的语言文字运用情境中独立识字与写字。

3. 分类制作多样化的识字导图,构建自己的汉字图谱,初步形成系统的归类思想,感受汉字的魅力。

(二)评价标准

本学习任务的评估,根据"教—学—评"一致性的原则,创设真实的评估情境,评估学生学习的成效,并用评估表考查学习任务的达成度。

1. 评价说明。

本学习任务的评价分两部分进行:第一部分,重点考查学生在此任务学习过程中的情感、态度、交流能力等;第二部分,从学习结果的角度评价学习目标达成情况,重点考查学生学习能力的形成。

2. 评价表。

(1)"我的汉字导图"学习任务评价表一。

"我的汉字导图"情感态度形成评价指标	
等级	等级描述
☆☆☆	有浓厚的梳理探究兴趣,能明确认识在活动中的任务,能在集体交流中积极发言,主动进行合作沟通。
☆☆	有较浓厚的梳理探究兴趣,能比较明确地认识在活动中的任务,能在集体交流中发言,参与合作沟通。

等级	等级描述
☆	对汉字的梳理探究兴趣一般,对学习任务认识一般,能参与集体合作交流,但学习过程中经常需要提醒,学习主动参与性有待提高。
	对汉字学习没有兴趣,对学习任务没有明确的认识,学习过程中不主动、不积极。

（2）"我的汉字导图"学习任务评价表二。

	"我的汉字导图"能力形成评价指标
等级	等级描述
☆☆☆	能依据汉字构字特点进行梳理归类,并运用规律快速准确识记汉字。能借助阅读材料,对感兴趣的汉字按规律进行分类学习,初步建构自主识字系统。选择自己喜欢的方式,制作一份完整且能体现汉字构字规律的学习成果。
☆☆	能依据汉字构字特点进行归类梳理,并运用规律准确识记汉字。能借助阅读材料,对感兴趣的汉字从其中一个角度按规律进行分类学习,初步建构自主识字系统。选择自己喜欢的方式,制作一份内容较完整、能体现汉字构字规律的学习成果。
☆	能在老师指导下,依据汉字构字特点进行归类梳理,并运用规律准确识记大部分汉字。能在生活中查找1—2组有规律的汉字,根据构字特点进行分类拓展识字。能在他人帮助下制作一份体现汉字构字规律的学习成果。
	不能依据汉字构字特点对汉字进行梳理归类。不能查找有规律的汉字。不能完成学习成果展示。

➡ 三、情境与任务

（一）情境设计

如果汉字会说话,它一定会告诉你,每个汉字背后都藏着很有意思的中华文化。让我们结合这个学期《语文园地》的"识字加油站",开展一次"我的汉字导图"主题学习活动,在学习和梳理的过程中,探寻汉字的构字规律,规范我们日常生活中的汉字书写,发现更多藏在汉字里的秘密,并把我们梳理发现的学习成果制作成一份富有创意的汉字导图。

(二) 任务设计

该学习以制作一份能展现构字规律的汉字导图为主任务,设计了三个前后连贯的学习任务,建构了学习主题统领下的任务单元,整体设计框架如下图所示:

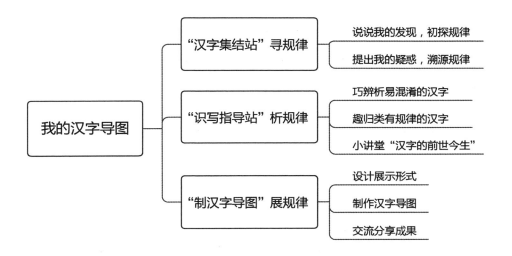

任务一是"'汉字集结站'寻规律"。通过学习"识字加油站"里的生字词进行分类,通过统整比对后,发现构字规律,比如有些汉字部件可以通过"加一加""减一减""换一换"的方式变成新字;有些汉字可以借助偏旁理解字义,帮助识记等。

任务二是"'识写指导站'析规律",借助"巧辨析""趣归类""小讲堂"三个学习活动,让学生主动建构识字网络,在分类梳理易混淆的形声字的过程中,主动积累汉字背后的构字规律和文化内涵,并通过小讲堂形式展现出来。

任务三是"'制汉字导图'展规律",学生通过从不同的角度给汉字分类,如汉字加工厂,以汉字偏旁给汉字分类,并辅以文字说明;或者以汉字主题进行分类,如汉字花卉园、汉字蔬菜铺、汉字交通站、汉字服装店、汉字美食苑等,分类制作多样化的识字地图,构建自己的汉字图谱。

（一）活动设计

任务一　"汉字集结站"寻规律

活动一：说说我的发现，初探规律

1. 出示四年级上册教材中的 4 个"识字加油站"，组成"汉字集结站"，学生自主认读汉字。

2. 分享识字方法，说说识记规律。

（1）第一类：四年级上册第二单元的第一部分、四年级上册第八单元，这两个"识字加油站"的汉字分别以熟字加减偏旁或换偏旁的方式编排。加减偏旁或换偏旁后，汉字的读音大多相同或相近。第二单元的第二部分生字，把相同偏旁部首的汉字编排在一起，学生可以借助偏旁表义的特点来识记。

（2）第二类：四年级上册第四单元、第六单元，两组汉字分别由与"花"和"蔬菜"有关的词语组成，其中大部分生字为形声字。其他汉字可以联系语境，结合生活经验来识记。

3. 回顾发现：通过联系三年级教材中其他"识字加油站"内容，引导学生发现大部分汉字是形声字，教材中均是按照两类规律编排的：一类是"加加减减换一换""偏旁部首有含义"，另一类是与生活相关联的词语，生字大多是形声字。

4. 教师小结：像"识字加油站"这样，将某一类汉字通过不同的主题或不同的展示方式组合在一起，可以帮助我们更好地根据汉字规律去识记。在生活中，可以常常运用这种方法去梳理识记汉字。

活动二：提出我的疑惑，溯源规律

1. 提出自己不理解的汉字，在教师的指导下查阅相关资料。

如："提纲"的"纲"为什么是绞丝旁？

2. 以学生提出疑问的汉字为例,教师出示相关资料,帮助学生理解汉字内涵。如"冈""纲",教师可出示《常用汉字字理》里对"冈""纲"的解释。

（1）学生自主阅读。

（2）提取重要信息,开展集体交流,形成汉字溯源卡片。如下图:

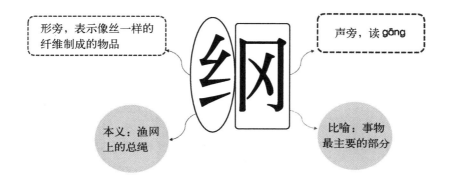

建议:在集体交流过程中,联系已有经验,引导学生建立字族概念,汉字家族和人的家族一样,比如《小青蛙》中出现了多个"青"字族的字,这些字大多是形声字。

（3）拓展"冈"字族的汉字:钢(铁)、(站)岗、刚(强)等。

3. 借助构字规律,自主识记四年级上册"识字加油站"中的生字。

4. 教师小结:理解了汉字背后的文化内涵,遇到形近字时就不容易混淆。

任务二 "识写指导站"析规律

活动一:巧辨析易混淆的汉字

1. 出示本册教材中,学生日常书写常出错的 10 个词语(括号中是错误的字),如:

痕迹(际)	腾云驾(架)雾	严厉(历)	奥秘(密)	求饶(绕)
豌(碗)豆	灌溉(既)	分(份)量	辫(辨)子	重整旗(齐)鼓

2. 小组讨论:为什么这些汉字容易出错?

3. 集体交流：交流过程中，教师要引导学生发现很多形近字或同音字混淆的原因是没有弄清汉字背后的含义，导致混用、错用。

4. 合作探究：同桌或四人小组合作，选择感兴趣的一组易错字词，通过查阅相关资料，制作一张汉字溯源卡片。

比如，通过查阅"历"和"厉"的字理，绘制汉字演变图，解释形旁含义，拓展相关词汇。

活动二：趣归类有规律的汉字

1. 确定拓展目标：选择自己感兴趣的字族或偏旁部首，开展生活拓展识字活动。

2. 拓展课外阅读：教师推荐读物《说文解字(儿童版)》《中国记忆：汉字之美》《常用汉字字理(形声卷)》等课外学习资料，查阅《新华字典》等工具书，探寻感兴趣汉字的由来及发展。

3. 自主归类梳理：摘录自己发现的有规律的汉字，仿照教材"识字加油站"或课堂上的"汉字溯源卡片"等创作形式，进行分类梳理。

活动三：小讲堂"汉字的前世今生"

1. 小组交流会：将收集梳理好的归类汉字带回班级，与小组同学互相交流，互相交换猜一猜、认一认，并互相交流摘录的有规律的汉字。

2. 班级小讲堂：借助推荐阅读材料，围绕某类易混淆汉字或感兴趣的汉字，介绍某一类汉字的"前世今生"。在小讲堂的互动过程中，交流发现的汉字构字规律，感受汉字的丰富内涵。

任务三　"制汉字导图"展规律

活动一：设计展示形式

在教师的指导下，交流如何完成一份成果导图。重点指导制作的内容和形式。鼓励学生在参考教材"识字加油站"以及课外阅读材料的基础上，自主设计图文并茂的个性化成果，如：

1. 拼盘式：将不同类别的字族或偏旁部首组成的汉字，以字带字，拓展识字。以表格或图示组合呈现，便于分类识记。

2. 卡片式：根据汉字规律设计识字卡片，如可以将课堂上学生完成的溯源卡做成活动卡片，如抽拉式、转动式，便于互动识记。

3. 小报式：确定汉字主题，设计小报，如汉字花卉园、身体汉字汇等。

4. 儿歌式：仿照低年级学过的儿歌，根据字族特点编写更多的字族儿歌，加深对汉字的理解。

活动二：制作汉字导图

1. 选择自己感兴趣的汉字，分板块制作汉字导图。

2. 完成初稿后，请组内同学提建议，进行修改完善。

活动三：交流分享成果

将自己的学习成果在生活中发挥更大价值，完成以下活动：

1. 借助自主制作的汉字导图，录制一个"汉字小讲堂"视频，发布在班级公众号或家人朋友圈中，同学之间互相学习后进行点赞，评选优秀作品。

2. 将制作好的汉字导图送给低年级的同学，辅以指南说明，帮助低年级的同学探寻识字规律。

（二）活动建议

1. 教学时间。

本任务建议用 3 课时完成。三个任务可以根据内容，以长短课的形式进行。比如，任务一可以用 40 分钟的正常课时完成。任务二涉及课外查找资料或阅读的内容可作为课外实践作业完成，教师要充分指导并关注学生做好学习材料的准备工作。课堂交流部分可以设计 20—30 分钟的短课进行。任务三涉及制作汉字导图，学生花费时间较长，可以适当延长。

2. 注意事项。

（1）任务一主要是引导学生根据识字规律，借助前期积累的识字经验自主发现，自主识记，重在让学生形成梳理和分类意识。

（2）任务二中的易错字词，可根据班级学生实际识写情况，选择有代表性的易错字词（形声字）为范例。任务二中的拓展阅读，可根据班级学生实际情况灵活选择相应阅读材料，除了文字阅读外，也可提供微课或相关视频，帮助学生拓宽视野，积累素材，为完成任务三作好知识储备和积累。

（3）任务三重在帮助学生运用各种分类梳理的方法进行成果的总结展示，

构建自己的汉字图谱。要鼓励学生不拘泥于某一种形式，只要分类依据合理，内容丰富即可。

五、资源与运用

1. 科普"账号"。

近日，全国多所高校邮件系统登录页面把"账号"错写成"帐号"相关话题登上热搜。接到长江日报记者反映的情况后，大学当天便将邮件登录页面的"帐号"改为"账号"。

很多人分不清"账号""帐号"，你能帮忙查找资料，给大家做一次汉字科普吗？

2. 制作汉字科普导图。

有网友指出"帖子"和"贴子""登录"和"登陆"等词语，也存在着混用错用的情况。你能结合汉字构字规律，以及汉字背后的文化内涵，制作一份汉字科普导图，帮助大家正确使用汉字吗？

学 习 资 源

1. 统编教材第二学段《语文园地》部分"识字加油站"，重点以四年级上册4个"识字加油站"为主。

指向形声字规律编排的内容梳理

册别	所在单元	"识字加油站"内容指向
三年级上册	第三单元	运用"减一减"的方法识字，两个字读音相同或相近。
	第四单元	通过"部首查字法"识字，进一步借助部首了解字义。
	第六单元	识记鱼字旁、虫字旁的形声字，感受声旁表音、形旁表义的特点。
	第八单元	识记目字旁的形声字，理解和"目"有关的词语意思。

册别	所在单元	"识字加油站"内容指向
三年级下册	第一单元	运用偏旁归类的方法识字学词。
	第六单元	学习一组与海岛、港口有关的词语,借助词语想象画面。
	第八单元	识记口字旁、言字旁的形声字,积累词语。
四年级上册	第二单元	借助形声字特点,识记读音相同的形近字或相同偏旁生字。
	第四单元	学习与"花"有关的词语,通过形声字特点和生活积累识记生字。
	第六单元	借助生活中常见蔬菜识字,利用形声字特点归类识记字形。
	第八单元	借助熟字加偏旁的方法识字,关注偏旁,理解词义。
四年级下册	第二单元	借助熟字加减偏旁识记生字,理解词语意思。
	第七单元	积累与人物品质、心情有关的词语,可借助偏旁识记。

2. 工具书：《新华字典》《辞海》等。

3. 相关视频：

（1）央视纪录片《"字"从遇见你》。

（2）人文纪录片《汉字五千年》。

（编写人：浙江省杭州市安吉路教育集团新天地实验学校　唐　睿）

第13讲　品文化名言，启人生智慧

——统编教材四年级下册第七单元"语言文字积累与梳理"
学习任务群设计

→ 一、主题与内容

（一）主题的确立

《义务教育语文课程标准(2022年版)》指出："语文课程在推广普及国家通用语言文字、增强凝聚力、铸牢中华民族共同体意识,建立文化自信、培育时代新人,实现中华民族伟大复兴等方面具有不可替代的优势。""新课标"中基础型学习任务群提出第二学段的"学习内容"包括"诵读和积累成语典故、中华文化名言、短小的古诗词、精彩句段等"。其中的中华文化名言是指在中国传统文化中流传的具有重要意义的经典语句,这些语句用简单而富有智慧的语言讲出深刻而又质朴的道理,其内容精辟,寓意深刻,在劝学、励志、修身等诸多方面都具有启迪和警示作用,是先贤圣哲们留给我们的精神财富和智慧结晶。积累中华文化名言,有助于增强学生的语言表达能力,促进其思维发展,树立健康的审美意识和审美观念,增强文化自信。

统编教材四年级下册第七单元《语文园地》"日积月累"板块中有四句以励志为主题的中华文化名言,它们具有很强的育人功能和文化价值。学生通过传统文化名言的学习,继承和弘扬了传统文化,促进了自身核心素养和正确价值观的形成。对于四年级学生来说,虽然积累了一定的中华文化名言,但理解其意思并灵活运用还有些困难,需要教师指导。

基于教材、课标以及学生学习情况,本任务的学习主题设定为"品文化名言,启人生智慧"。

（二）内容的组织

统编教材四年级下册第七单元以"人物品质"为主题,编排了《古诗三首》《黄继光》《"诺曼底号"遇难记》《挑山工》四篇课文,从不同方面展现了人的精神追求和高尚品格。第七单元《语文园地》中的"日积月累"安排的是分别出自《周易》《论语》《老子》《孟子》的四句话,这四句话均是关于励志的名言。

本任务以这四句名言为主要学习材料,收集和梳理教材中的文化名言,并拓展学习课外的文化名言,让学生在语文学习过程中,了解中华优秀的传统文化,感受、理解祖国语言文字的独特魅力与丰富内涵,找到开启智慧大门的钥匙,加深对祖国语言文字的热爱之情,将中国文化经典传承下去。

➡ 二、目标与评价

（一）目标

经典文化名言是中华民族思想、传统美德和人文精神的集中体现,它既是古人智慧的结晶,也是当代人智慧的源泉。对于小学生来说,只有系统学习、积累,浸润于中华传统文化的氛围中,才能掌握并灵活运用祖国语言,增进文化自觉。

随着学段的升高,统编教材编排的中华文化名言逐渐增加,到了四年级,学生对语言文字的理解和运用能力有了一定的提升,在此基础上,对中华文化名言进行系统梳理和积累非常有必要。

基于以上分析,本任务的学习目标确定为:

1. 通过收集、梳理课内外中华文化名言,培养分类、分析的思维意识。

2. 通过多种形式的学习,如诵读、讲故事等,了解中华文化名言的特点,感受祖国语言文字的独特魅力与丰富内涵。

3. 在学习中华文化名言的过程中联系生活中的人或事,理解中华传统文化中积极进取的人生态度、做人做事的道理及责任担当。

4. 通过制作"中华文化名言名片"、开设"中华文化名言微课堂"等方式,提高对文化名言的解读和运用能力,加深对祖国语言文字的热爱之情。

(二) 评价标准

设置真实的评估情境,评估学生学习的成效,并用评估表考查学生学习任务的完成情况。

1. 评价说明。

本任务在引导学生"走近名言知特点—走进名言悟其意—走进名言启智慧"等一系列学习活动中,将过程性评价与成果评价相结合,融入学生语文实践的整个过程,真实、动态地记录学生参与语文实践活动的整体表现,关注学生在活动中表现出来的情感、态度、交流能力,以及收集、梳理、探究、运用等学习能力。

2. 评价表。

"品文化名言,启人生智慧"情感态度形成评价指标	
等级	等级描述
☆☆☆	有浓厚的学习中华文化名言的兴趣,能主动进行学习,在学习中华文化名言的过程中增强文化自信,加深民族自豪感。对学习任务有明确的认识,学习过程中不需要提醒,学习主动参与性高。
☆☆	对中华文化名言学习有较浓厚的兴趣,能感受到学习中华文化名言的乐趣,初步感知语言文字的魅力。对学习任务有比较明确的认识,学习过程中一般不需要提醒,学习主动参与性较高。
☆	对学习中华文化名言兴趣一般,对学习任务认识一般,学习过程中经常需要提醒,学习主动参与性有待提高。
	对学习中华文化名言没有兴趣,对学习任务没有明确的认识,学习过程中不主动,学习不积极。

"品文化名言,启人生智慧"能力形成评价指标	
等级	等级描述
☆☆☆	能对自己和同伴找到的名言进行整理、归纳并分类;创造性地完成书签制作,并有条理地分享书签背后的创意和灵感。理解名言意思,并能运用于实际生活中,表达自己的观点;能独立完成名言名片并运用名言劝诫或激励同伴。

等级	等级描述
☆☆	能主动对自己和同伴找到的名言进行整理、归纳,创造性地完成书签制作,并能用一两句话分享灵感、创意;了解名言意思并能运用于实际生活中;能独立完成名言名片并用名言有条理地劝诫或激励同伴。
☆	能对自己搜集到的名言进行整理、归纳,简单完成名片,能通过查阅资料了解名言意思,能运用名言劝诫或激励同伴。
	不能对找到的名言进行分类整理;不理解名言意思,不能制作简单的名言名片。

➡ 三、情境与任务

（一）情境设计

同学们,中华优秀传统文化是中华民族的智慧结晶和精华所在,其蕴含的思想观念、人文精神、道德规范,既是中国人的思想精神内核,又是民族生存和发展的重要力量。中华文化名言便是中华优秀传统文化之一,它凝集了古人的智慧,也是我们智慧的源泉。这次的学习任务,我们要为中华文化名言设计一张名片,让更多的同学了解中华文化名言的特点,感受它的文化内涵。

（二）任务设计

本次学习的主题是"品文化名言,启人生智慧",主任务是制作"中华文化名言名片",通过三个任务、八个学习活动完成。任务一是"走近名言知特点",指导学生学习四年级下册第七单元的中华文化名言,了解名言特点,收集、分类整理成班级"中华文化名言集",制作名言书签;任务二是"走进名言悟其意",玩转名言对对碰,寻找名言故事,阐述对名言的观点;任务三是"走进名言启智慧",借助名言,撰写谏言片段,开设"中华文化名言微课堂"。如下图所示:

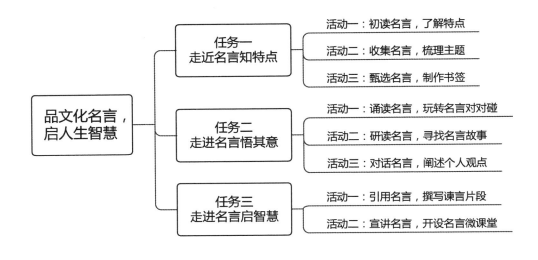

```
                                          活动一：初读名言，了解特点
                          任务一
                        走近名言知特点              活动二：收集名言，梳理主题

                                          活动三：甄选名言，制作书签


                                          活动一：诵读名言，玩转名言对对碰
  品文化名言，          任务二
  启人生智慧          走进名言悟其意              活动二：研读名言，寻找名言故事

                                          活动三：对话名言，阐述个人观点


                          任务三               活动一：引用名言，撰写谏言片段
                        走进名言启智慧
                                          活动二：宣讲名言，开设名言微课堂
```

- - - - - - - - - - - - - ▶ **四、活动与建议** - - - - - - - - - - - - -

（一）活动设计

任务一　走近名言知特点

活动一：初读名言，了解特点

1. 课件出示四年级下册第七单元《语文园地》"日积月累"中的四句中华文化名言，学生朗读。

2. 教师提问：同学们，除了这四句中华文化名言，你还知道哪些中华名言呢？它们有什么特点呢？

3. 学生分享中华文化名言。

4. 学生自由诵读中华文化名言，交流其特点。

5. 集体交流，教师小结：中华文化名言通常以简短而精确的文字传递出丰富的内涵，指导人们做出正确的行为，通过这些名言，我们可以深入了解中国古人的思维方式、价值观念和生活哲学。

6. 集体诵读中华文化名言,再次感受文化名言的特点。

活动二：收集名言,梳理主题

1. 交流下面四句名言的意思,明确这四句名言的内容主题是"励志"。

(1) 天行健,君子以自强不息。——《周易》

(2) 胜人者有力,自胜者强。——《老子》

(3) 不怨天,不尤人。——《论语》

(4) 生于忧患而死于安乐。——《孟子》

2. 教师补充并引导：中华文化名言的主题除了"励志",还有"学习""爱国""美德""修身""处事"等。

3. 师生回顾并梳理已学的中华文化名言。

(1) 收集一至四年级教材中华文化名言内容。

册序	出处	名言
一年级下册	第七单元"日积月累"	1. 不知则问,不能则学。 ——《荀子》 2. 读书百遍,而义自见。 —— 董遇 3. 读万卷书,行万里路。 —— 董其昌
二年级上册	第二单元"日积月累"	1. 己所不欲,勿施于人。 ——《论语》 2. 与朋友交,言而有信。 ——《论语》 3. 不以规矩,不能成方圆。 ——《孟子》
	第六单元"日积月累"	1. 有志者事竟成。 ——《后汉书》 2. 志当存高远。 —— 诸葛亮 3. 穷且益坚,不坠青云之志。 —— 王勃
二年级下册	第四单元"日积月累"	1. 失信不立。 ——《左传》 2. 诚信者,天下之结也。 ——《管子》 3. 小信成则大信立。 ——《韩非子》
三年级上册	第八单元"日积月累"	1. 不迁怒,不贰过。 ——《论语》 2. 爱人若爱其身。 ——《墨子》 3. 仁者爱人,有礼者敬人。 ——《孟子》 4. 与人善言,暖于布帛;伤人以言,深于矛戟。——《荀子》

册序	出处	名言
三年级下册	第六单元"日积月累"	1. 见善则迁，有过则改。　——《周易》 2. 过而不改，是谓过矣。　——《论语》 3. 人谁无过？过而能改，善莫大焉。　——《左传》
四年级上册	第二单元单元导语	为学患无疑，疑则有进。　——陆九渊
	第二单元"日积月累"	1. 好问则裕，自用则小。　——《尚书》 2. 博学之，审问之，慎思之，明辨之，笃行之。　——《礼记》 3. 智能之士，不学不成，不问不知。　——王充 4. 人非生而知之者，孰能无惑？　——韩愈
四年级下册	第七单元"日积月累"	1. 天行健，君子以自强不息。　——《周易》 2. 胜人者有力，自胜者强。　——《老子》 3. 不怨天，不尤人。　——《论语》 4. 生于忧患而死于安乐。　——《孟子》
	第八单元"日积月累"	1. 少年不知勤学苦，老来方知读书迟。 2. 一日读书一日功，一日不读十日空。 3. 学习不怕根底浅，只要迈步总不迟。 4. 书山有路勤为径，学海无涯苦作舟。

（2）学生分组梳理名言主题，师生交流反馈。

主题	名言
励志	1. 有志者事竟成。　——《后汉书》 2. 天行健，君子以自强不息。　——《周易》 3. 胜人者有力，自胜者强。　——《老子》 4. 不怨天，不尤人。　——《论语》 5. 生于忧患而死于安乐。　——《孟子》
学习	1. 不知则问，不能则学。　——《荀子》 2. 读书百遍，而义自见。　——董遇 3. 读万卷书，行万里路。　——董其昌 4. 为学患无疑，疑则有进。　——陆九渊

主题	名言
学习	5. 好问则裕,自用则小。　　　　　　　——《尚书》 6. 博学之,审问之,慎思之,明辨之,笃行之。——《礼记》 7. 智能之士,不学不成,不问不知。　　——　王充 8. 人非生而知之者,孰能无惑?　　　　——　韩愈
美德	1. 失信不立。　　　　　　　　　　　——《左传》 2. 诚信者,天下之结也。　　　　　　——《管子》 3. 小信成则大信立。　　　　　　　　——《韩非子》 4. 己所不欲,勿施于人。　　　　　　——《论语》 5. 与朋友交,言而有信。　　　　　　——《论语》
修身	1. 不迁怒,不贰过。　　　　　　　　　——《论语》 2. 爱人若爱其身。　　　　　　　　　——《墨子》 3. 仁者爱人,有礼者敬人。　　　　　——《孟子》 4. 与人善言,暖于布帛;伤人以言,深于矛戟。——《荀子》 5. 见善则迁,有过则改。　　　　　　——《周易》 6. 过而不改,是谓过矣。　　　　　　——《论语》 7. 人谁无过?过而能改,善莫大焉。　——《左传》
……	……

4. 指导学生把收集的其他中华文化名言,参照以上主题分类,并按需要补充其他主题。

5. 把收集的名言按主题收录到班级"中华文化名言集"。

活动三:甄选名言,制作书签

1. 挑选名言。请学生从梳理的各主题名言中挑一句自己喜欢的。

2. 分享名言。小组组员之间分享自己挑选的名言,并说明喜欢的理由。

3. 设计书签。为自己喜欢的名言设计书签,鼓励学生加入相关的图案、色彩来增强书签的美观度。

4. 制作书签。

5. 展示书签。每个小组派代表展示自己制作的书签,并分享书签背后的创意和灵感。

任务二　走进名言悟其意

活动一：诵读名言，玩转名言对对碰

1. 教师分主题出示"中华文化名言集"中的文化名言，学生自由诵读。

2. 玩名言对对碰游戏。

（1）教师向学生介绍游戏规则。

游戏规则：课件上出示若干名言卡片，学生抢答答对后诵读完整的名言。

> 胜人者有力，＿＿＿＿＿＿＿＿
>
> ＿＿＿＿＿＿＿＿，勿施于人。
>
> 青，取之于蓝，＿＿＿＿＿＿＿＿
>
> ＿＿＿＿＿＿＿＿，老来方知读书迟。
>
> 由俭入奢易，＿＿＿＿＿＿＿＿
>
> ＿＿＿＿＿＿＿＿，白了少年头，＿＿＿＿＿＿＿＿
>
> ……

（2）选择名言"己所不欲，勿施于人"，交流其意思后，思考：生活中，什么场景可以用到这句名言？

（3）再次诵读名言。

3. 师生交流后，教师小结：熟练掌握一些文化名言既可以丰富知识、增长见识，也可以帮助我们更深入地了解中华文化。希望同学们平时多多关注中华文化名言，并有意识地去积累运用。

活动二：研读名言，寻找名言故事

1. 教师再次呈现四年级下册第七单元《语文园地》"日积月累"中的四句励志名言，重点交流名言"不怨天，不尤人"的意思及背后的故事。

（1）齐读名言"不怨天，不尤人"，并请一名学生说说这句名言的意思。

（2）教师边引导边出示原文："不怨天，不尤人。"

子曰："莫我知也夫！"子贡曰："何为其莫知子也?"子曰："不怨天，不尤人，下学而上达。知我者其天乎!"

（3）学生自由读原文并交流大意。

（4）交流名言背后的故事。

春秋时期,孔子终生为实现自己的主张而忙碌奔波,很少人采纳他的政治主张,孔子对学生发感慨:"没有人了解我啊!"子贡问为什么。孔子说自己不埋怨天,不怨恨他人,下学而上达。努力学习一些平常的知识,却透彻了解很多道理,只有老天才了解自己。

（5）结合名言背后的故事,请学生谈谈读了这句名言受到的启示。

2. 出示第七单元《语文园地》"日积月累"中剩下的三句中华文化名言,学生结合课前查找的有关材料,小组内成员互相交流名言的意思、名言背后的故事及受到的启示。

3. 出示按主题整理好的中华文化名言,每个小组结合课前准备好的文化名言的资料,选择一个他们感兴趣的文化名言主题,交流名言的意思、名言背后故事及启示。

4. 教师推荐相关课外书籍:《中华名言警句精粹》《中华名句智慧》《国学传世经典:中华名言名句》,推荐相关查询网站。

活动三：对话名言,阐述个人观点

1. 选一选：了解名言的意思、故事和启示后,学生把自己喜欢的中华文化名言填入名言名片中。

2. 说一说：学生分享自己喜欢的中华文化名言的相关故事,交流喜欢的原因,并说出自己的观点。

3. 评一评：教师适时点评,肯定学生精彩的观点和评论。

4. 写一写：学生以文字的形式将喜欢的理由呈现在名言名片中。

任务三　走进名言启智慧

活动一：引用名言,撰写谏言片段

1. 教师创设语境,引导学生运用中华文化名言。

例：周末,小明答应小刚去图书馆借阅课外书。可是,小明妈妈却临时提出要带小明和妹妹去动物园游玩，小明虽然也想去动物园，但一想到和小刚的约定，小明犹豫了，并用"_____"说服妈妈让他留下来等小刚去图书馆。（言必信，行必果）

2. 学生模仿例句撰写片段。

（1）教师导语：在我们周围，有些人会在学习、生活、工作上遇到各种各样的状况，当他们遇到困惑或困难时，你会用什么名言去劝谏、激励他们呢？请你根据自己遇到的实际情形或设想的情况，引用中华文化名言写一个谏言片段。

（2）分享谏言片段，教师和其他同学提出修改建议。

（3）修改谏言片段。

活动二：宣讲名言，开设名言微课堂

1. 学生按要求完善自己的中华文化名言名片（如下图）。

2. 开设中华文化名言微课堂。

学生通过录制微视频的方式，开设中华文化名言微课堂，向全校师生分享中华文化名言名片和名言故事，弘扬中华文化。

3. 教师推荐学生观看央视文化节目《典籍里的中国》第一、第二季，鼓励学生多读经典，感受先贤智慧，肩负文化担当，增强民族文化自信。

4. 教师总结：中华名言是先贤圣哲们留给我们的精神财富和智慧结晶，希望同学们在平时学习中有意识地积累更多的中华名言，更加深入地感受祖国语言文字的魅力，做中华文化的弘扬者，将中国文化经典传承下去。

（二）活动建议

1. 教学时间。

本任务建议用 4 课时完成。任务一和任务二各用 1 课时完成,任务三用 2 课时完成。收集中华文化名言,查找、阅读相关资料以及收看相关视频的学习活动利用课前时间在教师的指导下完成。

2. 注意事项。

(1) 任务一需要学生收集、梳理中华文化名言,教师要引导学生拓宽收集的范围,让学生在充分理解名言意思后进行梳理、分类。名言主题分类的标准是多元的,只要依据科学、理由充分即可,通过收集、梳理课内外中华文化名言,培养分类的思维意识。

(2) 任务二和任务三有推荐学生阅读的书籍和观看的视频,指导学生有选择地去阅读、观看、积累,为学习做好前期准备。

(3) 任务三中要求学生完善中华文化名言名片,名片制作要不拘一格,体现出自己对中华文化名言独特的理解和思考。

五、资源与运用

练 习 与 测 评

1. 填一填。

敏而好学,_____

_____,不成方圆。

仁者爱人,_____

_____,疑则有进。

与朋友交,_____

与人善言_____伤人以言,_____

_____,不尤人。

书山有路勤为径,_____

天行健,_____

2. 依据情境填写中华文化名言。

(1) 丽丽学习不认真,不懂得珍惜时间,作为好朋友的彤彤对她说:"_____"与她共勉。(少年不知勤学苦,老来方知读书迟。)

(2) 丁丁经常捉弄同学,同学们都不愿意与他做朋友。丁丁意识到自己的错误,表示愿意改正,但大部分同学还是不肯原谅他。班长东东劝说同学们:"_____"大家听了,原谅了丁丁。(人谁无过?过而能改,善莫大焉。)

(3) 这几天,我在学习上遇到了不少困难,像泄了气的皮球一样无精打采,爸爸鼓励我:"_____"我顿时有了继续努力的力量。(有志者事竟成。)

学 习 资 源

1. 统编教材《语文园地》"日积月累"中的中华文化名言部分,重点以四年级下册第七单元"日积月累"中的中华文化名言为主。

2. 拓展阅读书目:《中华名言警句精粹》《中华名句智慧》《国学传世经典:中华名言名句》。

(编写人:浙江省杭州市建德市新安江第二小学　廖　宏)

第 14 讲　成语中的家国情怀

——统编教材五年级上册第四单元"语言文字积累与梳理"
学习任务群设计

一、主题与内容

（一）主题的确立

五年级上册第四单元的主题是"爱国情怀"。虽然本单元文章体裁多样，有古诗、政论文、事理说明文和小小说，课文所涉及的年代、人物、事件各异，但都表现了中国人"天下兴亡，匹夫有责"的责任感和使命感。本单元《语文园地》中特别安排了背诵积累与国家兴衰有关的成语，基于以上分析，我们设计了"成语中的家国情怀"这一学习主题。

首先，从成语自身特点来看，成语言简意赅，是汉语言文化的精髓，有着传承民族文化、凝聚民族精神的优势。作为中华民族祖先创造的精神文化成果，成语积淀着先贤所推崇和秉承的社会理想、知识成果、创造才能和高尚情操，是取之不尽、用之不竭的精神富矿。

其次，从语文教育功能来看，成语就是一把开启典籍名著、历史人文之门的钥匙，可以以小见大。借助灵活多样、学生喜闻乐见的成语，能够培养学生的语言能力、人文素养、品格德行，使学生逐步认识传统文化的价值，增强文化认同，培养民族自信，促进优秀传统文化的延续、发展。

（二）内容的归属

《义务教育语文课程标准（2022 年版）》"语言文字积累与梳理"任务群第三学段学习内容包括三个方面，其中一个为"诵读优秀诗文，分主题梳理自己积累的成语典故、格言警句、对联等语言材料，并尝试运用到日常读写活动中，增强表达效果"。五年级上册第四单元《语文园地》中的"词句段运用"和"日积月累"部分都有成语专题积累,这些成语内涵都与本单元学习主题相关。因此,本单元学习围绕"语言文字积累与梳理"这一基础型学习任务群展开,设计一系列相应的学习活动。

(三)内容的组织

1. 统编教材五年级上册第四单元课文及《语文园地》"日积月累"中的成语。

本单元以"爱国情怀"为主题,编排了精读课文《古诗三首》《少年中国说(节选)》《圆明园的毁灭》和略读课文《小岛》。《语文园地》的"日积月累"部分结合单元人文主题,提供了两组成语,一组反映的是"太平盛世"中的美好景象,一组表现的是"多事之秋"时的悲惨景象,促使学生在积累成语的同时激发热爱和平、珍惜和平生活的感情。

2. 统编教材四年级上册第七单元课文与《语文园地》"日积月累"中的成语。

本单元虽然是感受人物品质,但也是以"爱国情怀"为主题,编排了《出塞》《凉州词》《夏日绝句》这三首古诗和《为中华之崛起而读书》《梅兰芳蓄须》《延安,我把你追寻》这三篇饱含爱国之情的课文。《语文园地》中"日积月累"的成语直接表现人物的爱国之情、报国之志,可以作为本学习任务的补充资源。

3. 统编教材五年级下册第四单元课文。

本单元的课文依然围绕着"爱国情怀"编排,《古诗三首》(《从军行》《秋夜将晓出篱门迎凉有感》《闻官军收河南河北》)和课文《青山处处埋忠骨》《军神》《清贫》无一不在表达中华儿女的赤子之心,可作为本学习任务的补充资源。

▶ 二、目标与评价

(一)目标

统编教材从二年级上册开始,每一册都安排了集中学习积累成语的内容。从教材编排来看,统编教材非常注重成语积累,并且每次成语积累都按一定的主题或特点编排,方便学生识记与理解。经过几年的学习,学生已经积累了许多成语。但是因为分散在各册教材中,学生对成语并没有系统性的认识,需要进行梳理。

基于以上分析,本任务的学习目标确定为:

1. 通过自主梳理分析,发现许多成语蕴含着中华民族的家国情怀,并借助资料了解成语的典故出处,增进对家国情怀的理解,积累体现家国情怀的成语。

2. 通过爱国人物成语故事演讲等活动,深入体会中华儿女的家国情怀,进一步学习运用所积累的体现家国情怀的成语。

(二)评价标准

本学习任务旨在培养学生自主梳理积累有关家国情怀的成语,并能够开展收集、寻访、创作等一系列自主拓展学习活动。结合学习目标与内容,制定以下评价表:

评价维度	评价标准	评价星级
情感态度	积极参与活动☆	
	主动提出建议☆	
	不怕困难和辛苦☆	
合作交流	乐于帮助同学☆	
	认真倾听同学意见☆	
	主动和同学配合☆	
学习技能	普通话标准,语气自然流畅☆	
	紧扣故事情节,语感丰富,语速处理得当☆	
	表达连贯富有表现力☆	
实践活动	积极参与寻访实践☆	
	会与别人大方交往☆	
	访问交谈有礼貌☆	

评价维度	评价标准	评价星级
成果展示	编写故事条理清楚☆	
	故事体现人物爱国情怀☆	
	能清楚地讲述故事内容☆	
小组总评		

→ 三、情境与任务

（一）情境设计

家是最小国，国是千万家。家国情怀，体现出中国人对民族文化的认同和民族凝聚力。在历史的长河中，成语真实反映了中国人代代相传的家国情怀，如"抗御外辱""以身殉国"等。这次的学习任务，我们将学习积累这些体现家国情怀的成语，举行爱国成语故事会。

（二）任务设计

"成语中的家国情怀"设计三个前后连贯的学习任务，建构学习主题统领下的任务单元（见下图）。任务一：整合联系，感受家国情怀。通过整合，梳理学过的相关成语与课文，对中华民族自古以来的家国情怀有初步的认识。任务二：寻源探究，理解家国情怀。通过探讨经典历史人物、交流经典历史事件、梳理经典历史作品，对家国情怀有更深刻的体悟。任务三：思辨拓展，厚植家国情怀。通过探讨中华儿女家国情、寻访家乡名人爱国心、举行爱国成语故事会等一系列的学习活动，在学生心中厚植家国情怀。

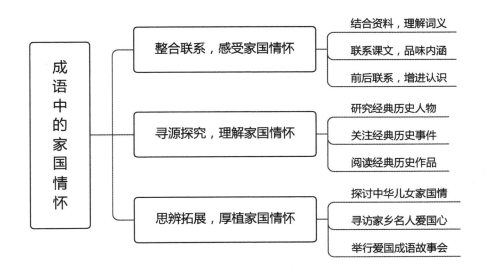

任务一中的三个活动从"结合资料,理解词义""联系课文,品味内涵"到"前后联系,增进认识",让学生通过联系已学课文,对家国情怀有更清晰的认识。任务二中的三个活动围绕着成语来源,从"经典历史人物、经典历史事件、经典历史作品"三个方面展开探究,从而让学生对家国情怀有进一步的体悟。任务三中的三个活动按照"思辨讨论、实践寻访、自由表达"的层次展开,既层层递进又相互关联,引导学生进一步提升语言文字积累与梳理的能力。

四、活动与建议

(一) 活动设计

任务一　整合联系,感受家国情怀

活动一:结合资料,理解词义

1. 说一说。

你能用哪些成语来描述我们今天和平幸福的生活?

2. 比一比。

出示两组图片,一组是盛世景象,一组是乱世惨状。说说两组图片反映的人们生活境况有什么不同?请分别用"日积月累"中的一个成语来概括这两组图片景象,积累词语"太平盛世"和"多事之秋"。

太平盛世	
国泰民安	丰衣足食
安居乐业	政通人和
人寿年丰	夜不闭户
路不拾遗	

多事之秋	
兵荒马乱	流离失所
生灵涂炭	家破人亡
哀鸿遍野	民不聊生
内忧外患	

3. 查一查。

利用工具书,理解这些成语的意思,对比两组成语描绘的不同景象,说说自己的感想。

太平盛世是人们对国家社会的美好愿望,多事之秋是国家遭受灾难,是人民最不愿看到和经历的惨状。

活动二:联系课文,品味内涵

1. 浏览课文,完成时间轴。

浏览五年级上册第四单元的课文,查阅资料,照样子,完成填写。

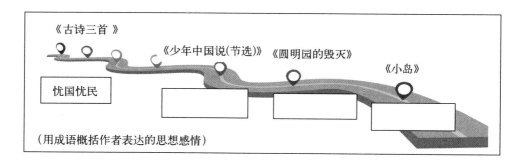

《古诗三首》 《少年中国说(节选)》 《圆明园的毁灭》 《小岛》
忧国忧民
(用成语概括作者表达的思想感情)

2. 结合资料,体悟家国情。

查找北宋灭亡、南宋偏安一隅以及诗人生平等相关资料,深入了解诗文诞生的历史背景,深刻体会诗中表达的思想感情。了解中国近现代历史以及课文的创作背景,体悟作者所表达的思想感情。

3. 实践运用,激发家国情。

结合课文学习,选用加点的成语写一段话。

例:我们现在虽然生活在国泰民安的太平盛世,人们安居乐业、丰衣足食,但绝不能忘记我们国家曾经遭受侵略的屈辱历史。侵略者烧杀抢掠,造成生灵涂炭、哀鸿遍野,有多少人承受家破人亡的惨痛。我们一定要发愤图强,让祖国更加强大,让历史的悲剧不再重演!

活动三:前后联系,增进认识

1. 爱国成语对对碰。

复习四年级上册第七单元的爱国成语,选择恰当的成语来形容本单元课文中的爱国人物,并联系他们的事迹来讲一讲这位人物。

四年级上册第七单元课文	爱国人物	人物评价(用成语)	积累成语
《出塞》 《凉州词》 《夏日绝句》	王昌龄 王 翰 李清照		铁面无私　志存高远 精忠报国　大义凛然 英勇无畏　视死如归 秉公执法　刚正不阿
《为中华之崛起而读书》	周恩来		
《梅兰芳蓄须》	梅兰芳		

2. 爱国故事读一读。

结合表现人物爱国之情的成语阅读更多的爱国人物故事。自主阅读五年级下册第四单元课文内容《古诗三首》(《从军行》《秋夜将晓出篱门迎凉有感》《闻官军收河南河北》)《青山处处埋忠骨》《军神》《清贫》,为其中的一位爱国人物制作一张名片。例:

爱国人物名片

姓名: 陆游

爱国言行: 遗民泪尽胡尘里,南望王师又一年。

我的评价: 忧国忧民

3. 爱国之情说一说。

结合所学的表达家国情怀的成语,以及相关的课文和课外搜集的资料,讨论成语所表达的家国情怀包含哪些方面,进行归纳梳理:

> 爱国护国之心：立国安邦、投笔请缨……
>
> 治国强国之策：励精图治、治国安民……
>
> 忧国忧民之情：忧国忘家、救亡图存……
>
> 救国报国之行：精忠报国、以身殉国……
>
> ……

家国情怀

任务二　寻源探究,理解家国情怀

活动一：研究经典历史人物

1. 读一读。自主阅读岳飞"精忠报国"的成语来源。

2. 画一画。选取资料中体现岳飞精忠报国的内容,绘制四格漫画。

① 英勇善战	② 纪律严明
③ 战功赫赫	④ 忠心耿耿

3. 搜一搜。历史上像岳飞这样"精忠报国"的人物有哪些?

例：北宋名臣范仲淹

成语"宁鸣而死,不默而生"出自他的《灵乌赋》,表达他无论遭受多少打击,都要坚持正义、坚持真理的信念。

活动二：关注经典历史事件

1. 评一评。回顾课文《将相和》的历史故事"完璧归赵"和"负荆请罪",你会用哪些成语来评价蔺相如和廉颇？

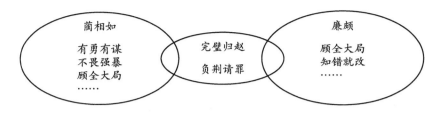

2. 找一找。像这样来的爱国成语还有哪些？自主收集、整理，完成表格。

经典历史事件	事件主人公	人物爱国情
背水一战	韩信	有勇有谋
卧薪尝胆	勾践	忍辱负重

3. 说一说。交流搜集到的爱国成语，并记录到积累本上。

活动三：阅读经典历史作品

1. 读一读。

学了本单元课文，大家一定被文中的家国情怀所感动，还想阅读更多体现中华儿女家国情怀的书籍。现在就开启你的阅读计划吧。

阅读计划表

书名	时间安排	相关成语梳理	人物精神

2. 说一说。交流表达家国情怀的成语。

《三国演义》：鞠躬尽瘁，死而后已等；

《史记》：卧薪尝胆、独当一面等。

······

3. 议一议。

你所看到的经典历史作品中，中华儿女的家国情怀表现在哪些方面？

战胜困难：夸父逐日、精卫填海、羿射九日······

发愤图强：十年磨一剑、千锤百炼······

勇于牺牲：舍生取义、以身殉国······

······

任务三　思辨拓展，厚植家国情怀

活动一：探讨中华儿女家国情

1. 回顾旧知。

复习四年级下册第六单元小古文《囊萤夜读》《铁杵成针》和《语文园地》"词句段运用"中的成语"凿壁偷光、囊萤夜读、悬梁刺股、铁杵成针、程门立雪、手不释卷"，明确这些成语典故讲的都是个人求学的故事。

2. 引发思考。

这些成语讲的都是主人公刻苦学习的故事，可以说他们是爱国吗？带着问题，自主收集典故中相关人物的生平资料，结合资料进行思考。

3. 讨论交流。

"国家兴亡，匹夫有责"，国家的兴盛和衰败与普通老百姓也是有关系的。每个人努力提高自己的学识水平，最终为国家的强盛做出贡献，就是爱国。

活动二：寻访家乡名人爱国心

1. 访一访。

实现中华民族的伟大复兴是中华民族近代以来最伟大的梦想。在"强国梦"的激励下，一大批优秀人物涌现出来，他们用感人至深、催人奋进的事迹诠释着奋斗的含义。开展"走访家乡名人"活动，了解他们的故事。

2. 做一做。

阅读他们的事迹，并选择一位你最敬佩的人，为他制作一张勋章卡，用合适的成语表达他的家国情怀。制作完成后在小组内交流。

3. 写一写。

把寻访、了解到的爱国人物事迹写成故事，与同学一起分享。注意恰当运用积累的成语，表达出主人公的家国情怀。

家乡爱国人物故事构思单

代表性事例：_____

_____

_____

相关的名言警句：_____

准备运用的成语：_____

活动三：举行爱国成语故事会

1. 选一选。

组内交流各自所写的爱国成语故事，推选出优秀故事参加班级交流。

2. 做一做。

根据推选出的优秀故事内容，小组成员分工合作搜集相关资料，如有关主人公的照片、名言佳句等，做成视频或PPT。

3. 练一练。

组内分工合作，推选出优秀故事，并进行练习，讲好故事。

4. 比一比。

在班级举行爱国成语故事会，按照标准评选优秀爱国成语故事。

（二）活动建议

1. 单元课时整体安排建议。

任务一，2课时。任务二，3课时。任务三，3课时。

2. 学习策略。

成语学习不能止步于会听写、会查工具书理解意思,教师要引导学生通过这些高度凝练的词语,去领略感受中国传统文化的魅力。本次语言文字积累与梳理活动为学生搭建了语用情境支架,使学生在不同的基础上都能得到发展。学习活动要呈现丰富多元的生活情境,充分给予学生语言实践的机会。

五、资源与运用

练 习 与 测 评

1. 单元练习。

(1) 成语对对碰。

揭竿而起　　　项羽兵败垓下

投笔从戎　　　班超立功西域

桃园结义　　　陈胜、吴广起义

四面楚歌　　　民间关于刘备、关羽、张飞的故事

(2) 成语快快归:将以下成语按时间顺序(春秋战国时期、秦汉时期、三国魏晋南北朝时期)进行分类。

A. 退避三舍　B. 指鹿为马　C. 草木皆兵　D. 问鼎中原

E. 风声鹤唳　F. 破釜沉舟　G. 卧薪尝胆　H. 纸上谈兵

春秋战国时期:＿＿＿＿＿＿＿

秦汉时期:＿＿＿＿＿＿＿

三国魏晋南北朝时期:＿＿＿＿＿＿＿

(3) 根据条件说成语。

这是关于项羽的成语,出自《史记·项羽本纪》,形容他作战十分勇猛,表现了大无畏的气概。成语描述了项羽在与秦军作战时抱着必死的决心,精心准备,最终以少胜多。当时他命令士兵渡河,凿沉船只,打破锅灶,只带三天干粮上路。

答案:破釜沉舟。

2. 单元测评。

（1）把下面描写英雄人物的成语填写完整。

一身（　　）气　临（　　）不惧　光明（　　）落　（　　）（　　）正正

大（　　）大勇　急中生（　　）　力挽（　　）（　　）　镇定自（　　）

（2）讲一个表现中华儿女家国情怀的成语故事。

（3）做一个家国情怀专题的成语积累本，并设计封面目录等。

学 习 资 源

1. 教材内容。

四年级上册第七单元课文与《语文园地》中的成语，五年级下册第四单元课文。

2. 补充材料。

关于精忠报国的历史故事，岳飞生平资料，宋代历史资料，中国近代历史资料。

（编写人：浙江省杭州市长寿桥岳帅小学　陈林玉）

第15讲　遨游汉字王国之有趣的对联

——统编教材五年级下册第三单元"语言文字积累与梳理"
学习任务群设计

■➤ 一、主题与内容

（一）主题的确立

对联是我国特有的文学形式，它对仗工整、结构严谨，深受人们喜爱。作为中国传统文化的重要组成部分，2005年，对联被国务院列入第一批国家非物质文化遗产名录。优秀的对联不但能潜移默化地培养学生热爱祖国语言文字的情感，还能提高学生的文化素质与审美情趣。基于此，我们设计了"遨游汉字王国之有趣的对联"的学习主题。

首先，从对联自身来看，对联是最具中国特色的文学样式，雅称楹联，俗称对子，它要求以较少的字句、简练的形式，唤起人们的美感体验，给人以启迪，使人回味深思，受到教益。周劭曾说："中国文学各种有韵之文的体裁都要以对联为基础。"可见，对联在传统文化中的重要性。

其次，从语文学科来看，对联是绝佳的传统文化学习资源。语文课程要引导学生积淀丰厚的文化底蕴，为学生形成良好的个性和健全的人格打下基础。并且，对联至今常见于生活各领域，在现实语境中仍具备实用价值。因此，进行对联专题的语言文字积累与梳理活动，既能以对联独特的语言形式改变学生对语言学习的无感状态，又能让学生从对联承载的文化中收获情感体验。

最后，从学生学习来看，学对联是一种涵养高雅情趣的过程。对联中有丰厚的文化积淀，学生通过听、说、读、写、赏、练等多种方式学习对联，能够感知汉字本身传递出来的魅力。学生通过学习名联、趣联，既打开了视野，培养了理解、感悟、审美能力,又感受到了祖国语言文字和传统文化的独特魅力。

(二)内容的归属

《义务教育语文课程标准(2022年版)》基础型学习任务群"语言文字积累与梳理"任务群第三学段学习内容包括三个方面,其中一个为"诵读优秀诗文,分主题梳理自己积累的成语典故、格言警句、对联等语言材料,并尝试运用到日常读写活动中,增强表达效果"。对联作为中华优秀传统文化的形态之一,从古至今,受人喜爱。尤其在春节时,家家户户贴对联。属对作为传统的语文教学手段,在中国教育中已盛行千余年。

五年级下册第三单元"遨游汉字王国"的综合性学习,在"汉字真有趣"部分提出了"搜集体现汉字特点的古诗、歇后语、对联故事等资料,办一次趣味汉字交流会"的活动建议。结合这次综合性学习活动,开展对联专题的"语言文字积累与梳理"学习,可以让学生比较清晰地了解对联的特点,并激发他们对传统文化的学习兴趣。

(三)内容的组织

统编教材在一年级上册就安排了《对韵歌》,一年级下册安排了《古对今》,二年级上册《语文园地四》安排了关于自然风光的对联专题积累,学生对对联已有一定的认识。在本单元的"遨游汉字王国"综合性学习活动中,结合前面所学内容,再拓展补充《声律启蒙》,为"语言文字积累与梳理"任务群学习提供丰富的学习资源。

▶ **二、目标与评价**

(一)目标

五年级学生对于对联有初步接触,但没有专门学习,对对联的特点了解得不是很清楚,更不具备独立创作对联的能力。针对小学生的年龄特点,本学习任务主要为了激发学生了解对联的兴趣,并在此基础上尝试模仿创作。基于这个定

位,制定以下学习目标:

1. 能结合搜集到的资料,自主阅读梳理,了解对联的起源,产生学习对联的兴趣;通过分析比较知道对联的基本特点,懂得对联的一般规则;通过自主收集对联活动,感受对联在生活中的作用,了解不同场景应用对联的区别。

2. 通过欣赏对联独特的形式、有趣的语言和相关的典故,懂得欣赏对联的基本方法,进一步激发对联学习的兴趣。

3. 通过诵读经典增加语言积累,学习创作对联的方法,在对联模仿练习中提高语言文字的水平和创新能力。

(二) 评价标准

1. 评价说明。

在评价中,重点关注学生在学习过程中表现出来的学习态度、参与程度以及能力发展水平,设计"综合表现"与"对联品鉴师"两份评价表。综合表现评价表主要针对学习主任务设计,激发学生欣赏对联、模仿创作的兴趣。对联品鉴师评价表考查学生在学习欣赏与创作方面的能力水平。

2. 评价表。

学习综合表现评价表				
评价维度		评价标准	组评	师评
学习态度	☆☆☆	主动学习,积极收集、积累有趣的对联,乐于学习并运用方法自主赏析对联。		
	☆☆	有学习的兴趣,愿意收集、积累有趣的对联,并能尝试自主赏析对联。		
	☆	不参与趣联收集,对对联知识不感兴趣。		
参与合作	☆☆☆	与同伴团结合作,积极探索,乐于交流分享。		
	☆☆	参与合作探索,在同伴和老师鼓励下,愿意交流看法。		
	☆	合作学习积极性不高,不愿意分享交流,参与程度有待提高。		

评价维度		评价标准	组评	师评
能力发展	☆☆☆	能够运用所学方法,赏析有趣的对联,并尝试自主创作。		
	☆☆	能学习运用赏析对联方法,努力模仿创作对联。		
	☆	不能运用赏析对联方法,也不会模仿创作对联。		

对联品鉴师评价表					
评价维度		评价标准	自评	组评	师评
对联品析	☆☆☆	1. 了解对联基本格律知识,懂得对联创作基本方法。			
	☆☆☆	2. 能从对联的形式、语言、故事等不同角度,欣赏对联的特点与趣味。			
	☆☆☆	3. 能模仿、拟对简单的对子或自主创作对联。			
	☆☆☆	4. 能欣赏同伴创作的对联作品。			
品鉴师级　别	获得8星及以上为"一级对联品鉴师",获得5—7星为"二级对联品鉴师",获得3—4星为"三级对联品鉴设计师"。		我是"(　　)级对联品鉴师"		

▶ 三、情境与任务

（一）情境设计

对联是我国文学园地中的一朵奇葩,是中华民族的文化瑰宝。这次学习任务,我们将认识对联这种独特的文学形式,学习欣赏并模仿创作对联,学做对联品鉴师。

（二）任务设计

本次语言文字积累和梳理的主题是"遨游汉字王国之有趣的对联",核心任务是

"领略奇妙对联文化,学做对联品鉴师",分三个任务来实现:任务一是"了解对联",通过搜集民间传说中关于桃符故事的资料,了解春联的起源;结合资料了解对联与春联的关系;联系生活实际,了解对联在现代社会生活中的广泛应用,明白对联是中华传统文化精髓,应该学习与传承。任务二是"欣赏对联",学习从别具一格的形式、耐人寻味的语言和妙趣横生的故事这三个方面欣赏有趣的对联,激发对联学习的兴趣。任务三是"仿写对联",在了解欣赏的基础上,通过诵读《声律启蒙》,巩固对联的基本格律知识,积累一定的对联语汇,掌握一定的对联技巧,并学以致用,在真实的语言实践中感受对联创作的乐趣,提高语言创新表达能力。单元整体规划如图所示:

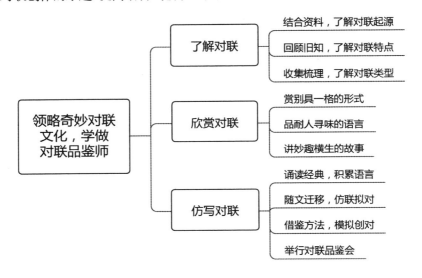

➡ 四、活动与建议

(一) 活动设计

任务一 了 解 对 联

活动一:结合资料,了解对联起源

1. 读一读。读王安石关于春节的古诗《元日》,讨论:"总把新桃换旧符"一句中的新桃、旧符指的是什么?

2. 听一听。听关于桃符的民间传说,了解春联来历。

3. 理一理。阅读有关对联的资料,梳理对联的发展过程。

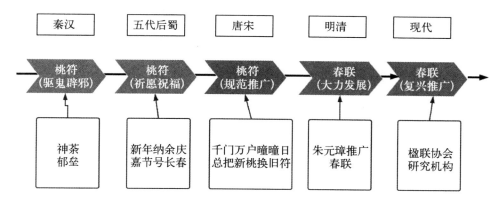

活动二:回顾旧知,了解对联特点

1. 想一想。回顾二年级上册《语文园地四》"日积月累"中的对联,思考对联有什么特点。

> 有山皆图画,无水不文章。
>
> 白马西风塞上,杏花烟雨江南。
>
> 清风明月本无价,近水远山皆有情。
>
> 雾锁山头山锁雾,天连水尾水连天。

2. 说一说。交流讨论,归纳对联的特点:

(1) 字数相等:上下联的字数一样。

(2) 词性相同:上下联名词对名词,动词对动词,数词对数词,量词对量词。

(3) 平仄相对:上下联平声与仄声相对,而且要仄起平收,上联尾字为仄声,下联尾字为平声。

(4) 结构相同:上下联断句节奏一样。

(5) 内容相关:上下联的含义相互衔接,意境相合,但又不能重复。

3. 连一连。说说为什么这样连线。

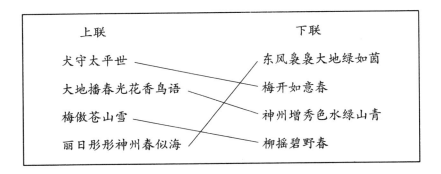

上联	下联
犬守太平世	东风袅袅大地绿如茵
大地播春光花香鸟语	梅开如意春
梅傲苍山雪	神州增秀色水绿山青
丽日彤彤神州春似海	柳摇碧野春

活动三：收集梳理，了解对联类型

1. 自主收集对联，制作对联收集卡。如：

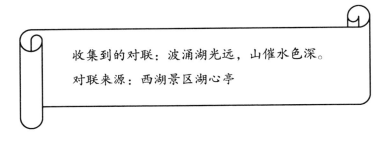

收集到的对联：波涌湖光远，山催水色深。
对联来源：西湖景区湖心亭

2. 小组讨论交流，按对联来源梳理各自收集到的对联。

对联	来源	分类
杨柳吐翠九州绿，桃杏争春五月红。	家门口	春联
欲知千古事，须读五车书。（书店）	店门口	行业联
波涌湖光远，山催水色深。（西湖景区湖心亭）	风景区	名胜联
……	……	……

3. 利用网络查找相关资料，开展自主拓展探究，梳理对联分类的方法与类型。

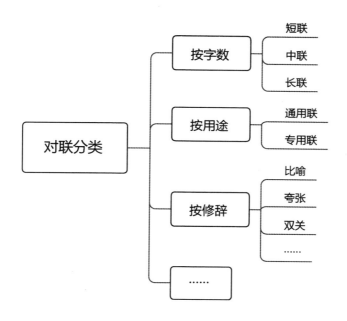

任务二　欣　赏　对　联

活动一：赏别具一格的形式

1. 读一读。读下面这些对联，说说你的感受。

> 花甲重逢，增加三七岁月；古稀双庆，更多一度春秋。（数字联）
>
> 人过大佛寺，寺佛大过人。（回文联）
>
> 二三四五，六七八九。横批：南北。（缺字联）
>
> 冻雨洒窗，东两点西三点；切瓜分客，横七刀竖八刀。（拆字联）
>
> 此木是柴山山出，因火成烟夕夕多。（组字联）
>
> 翠翠红红，处处莺莺燕燕；风风雨雨，年年暮暮朝朝。（叠字联）
>
> 水车车水，水随车，车停水止；风扇扇风，风出扇，扇动风生。（顶真联）

2. 想一想。这些对联有什么特别之处。

小结：这些对联的形式特别有趣，有的拆分汉字成联，有的组合汉字成联，有的用数字成联，有的用叠字成联，有的用特别的修辞方法成联……

3. 玩一玩。根据趣味对联的形式特点,试着写出下联。

回文联:客上天然居,_____

拆字联:鸿是江边鸟,_____

数字联:六塔重重,四面七棱八角;一掌平平,_____

顶真联:橘子洲,____旁舟,____行洲不行;天心阁,____上鸽,____飞阁不飞

活动二:品耐人寻味的语言

1. 欣赏对联语言。

例1:三强韩魏赵,九章勾股弦。

例2:春风放胆来梳柳,夜雨瞒人去润花。

(1)了解对联创作的背景或其他资料。

例1是1953年著名数学家华罗庚随科学院出国考察时创作的,当时科学院考察团的团长是钱三强,一起参加考察的还有物理学家赵九章。

例2是著名的扬州八怪之一的郑板桥故居中堂的一副题联,现在上海著名的豫园万花楼用它来作楹联。

(2)寻找对联语言的有趣之处。

例1中的"三强"本指战国"七雄"中的韩、魏、赵三个强国,但又隐含了钱三强的名字。"九章"是指记载着勾股弦定理的古代数学专著《九章算术》,同时也包含了代表团成员赵九章的名字。此联中三和九对仗,又恰好成倍数,非常巧妙。

例2用拟人手法形象地描绘了春天春风拂柳、细雨润物的景象。上联与贺知章的"不知细叶谁裁出,二月春风似剪刀"有异曲同工之妙,下联让人联想到杜甫的"随风潜入夜,润物细无声",意境引人入胜。

2. 拓展收集,制作我的趣联集。

我的趣联集

趣联来源	趣联内容	趣联类型	趣联赏析

活动三：讲妙趣横生的故事

中国的对联不但充满韵律，还充满趣味。谈起对联，我们的脑海就会浮现出文人墨客边喝酒赏花边互出对联比拼才智的画面！

1. 读一读。课外自主阅读刘太品的著作《中华对联故事》。

2. 说一说。每个同学推荐一个自己觉得最有趣的对联故事，并说说理由。

例：门对千竿竹，家藏万卷书。

对联故事：历史上传闻解缙小时候替父写对联，借对门人家院内的一片竹林作如上对联，对门的主人怨他借自家竹林入联，锯断竹子，解缙续写："门对千竿竹短，家藏万卷书长。"对门的主人气极，把竹子连根刨掉，解缙再续："门对千竿竹短无，家藏万卷书长有。"对门的主人气得七窍冒烟。

推荐理由：这个对联故事让人看到幽默机智的小解缙，可见对联中有意境、有智慧。

3. 比一比。举行对联故事大会，比一比谁讲的对联故事最吸引人。

任务三　仿　写　对　联

活动一：诵读经典，积累语言

1. 文释对读，通晓文意。自主诵读《声律启蒙》，结合注释，读懂意思。

2. 故事穿插，晓意究源。结合典故，理解对联的意思。

3. 接力游戏，积累语言。自主诵读积累，分小组玩《声律启蒙》接力游戏。

活动二：随文迁移，仿联拟对

1. 原文截取对一对。例：

> 来对（往），密对（稀），燕舞对（莺飞）。
>
> 风清对（月朗），露重对（烟微）。
>
> 霜菊瘦，（雨梅肥），客路对（渔矶）。
>
> 晚霞舒（锦绣），朝露缀（珠玑）。

2. 删繁就简对一对。例：

原文：战士邀功，必借干戈成勇武；逸民适志，须凭诗酒养踈（同：疏）慵。

对联：战士干戈成勇武，逸民诗酒养踈慵。

3. 组合生成对一对。例：

原文：柳塘风淡淡，花圃月浓浓。春日正宜朝看蝶，秋风那更夜闻蛩。

对联：柳塘风淡朝看蝶，花圃月浓夜闻蛩。

活动三：借鉴方法，模拟创对

1. 尝试扩词延展法。

阅读苏东坡对联故事《坐，请坐，请上坐；茶，敬茶，敬香茶》，了解扩词延展写对联的方法，并尝试运用，以下面两个词为基础，学习自拟对联。

例：蝶，鸥。

蝶—蝴蝶—蝴蝶舞—蝴蝶花间舞—翩翩蝴蝶花间舞；

鸥—白鸥—白鸥游—白鸥水上游—悠悠白鸥水上游。

2. 学习古诗集句法。

冰心先生说，集句就像小孩子玩七巧板，拼接起来挺好玩的，但玩的结果，倒也觉得有了"新作"，似乎比原作还精致，还有意义一些。试一试，从自己读过的古诗中找一找可以组成对联的句子。

例：读书破万卷（杜甫），落笔超群英（李白）。

3. 运用修辞描写法。

拟人：绿水本无忧，因风皱面；青山原不老，为雪白头。

比喻：白水如棉，不用弓弹花自散；红霞似锦，何须梭织天生成。

夸张：直上青天揽日月，欲倾东海洗乾坤。

……

活动四：举行对联品鉴会

1. 组内交流各自创作的对联，按评价标准相互评价作品，推荐优秀作品参与全班评选。

2. 全班品鉴各小组推荐的优秀作品，评选优秀对联品鉴师。

3. 为优秀对联品鉴师颁发证书。

（二）活动建议

1. 单元课时整体安排建议。

任务一：了解对联，2 课时。任务二：欣赏对联，2 课时。任务三：仿写对联，2 课时。

2. 单元任务群学习策略。

（1）故事策略。

由于对联短小凝练、言简意赅，且格律严谨，对小学生来说学习难度较大。针对这个年龄段孩子喜欢听故事的特点，我们采用故事化策略，降低对联理解难度，并激发学生的学习兴趣。

（2）联结策略。

教材中有关对联的内容不多，需要结合课外读物《声律启蒙》开展学习，并联系学过的古诗、成语、故事等语言材料，进行模拟仿对练习。

（3）生活策略。

对联虽是文学化的语言，但在生活中却普遍应用。结合本次语言文字积累与梳理活动，引导学生关注身边的对联应用情况，让学生发现生活中时时处处都有对联，从而真正体会对联这种传统文化的魅力。

----------- ▶ 五、资源与运用 -----------

练 习 与 测 评

1. 我的趣联卡。

（1）测评内容：从书本或生活中，归类梳理出至少十副有趣的对联，制作"我的趣联卡"，并能用简洁的语言写出积累这些对联的理由。

（2）趣联卡样例：

乐乐乐乐乐乐乐

朝朝朝朝朝朝朝

还有这样的对联？

是的，此联为故宫太和殿联，是多音字联。上联读作 lè yuè lè yuè lè lè yuè，下联读作 zhāo cháo zhāo cháo zhāo zhāo cháo。上联的意思是称赞一首乐曲，下联意思是皇帝天天在殿上上早朝。

趣联卡

2. 我的"模仿秀"。

（1）测评内容：以《声律启蒙》语句为基础，运用删一删、组一组等方法，模仿拟对联。

（2）我的作品：

删减法：

原句：五老峰高，秀插云霄如玉笔；

　　　三姑石大，响传风雨若金镛。

对联：五老峰秀如玉笔，

　　　三姑石响若金镛。

组合法：

原句：柳塘风淡淡，花圃月浓浓。

　　　春日正宜朝看蝶，秋风那更夜闻蛩。

对联：柳塘风淡，春日朝看蝶；

　　　花圃月浓，秋风夜闻蛩。

3. 我的"创作秀"。

（1）测评内容：尝试运用扩词延展法、古诗集句法、修辞描写法等对联创作方法，自主创作一副对联。

（2）师生合作完成作品：

扩词延展法：

笛—笛声—笛声隐约—笛声隐约关山外；

月—月色—月色婆娑—月色婆娑小院中。

修辞描写法（拟人）：

山舍云看守，松窗月把关。

水文风起草，秋信雁开封。

古诗集句法：

海内存知己，

天涯若比邻。

山重水复疑无路，

柳暗花明又一村。

学 习 资 源

1. 王安石的古诗《元日》，二年级下册《语文园地四》"日积月累"中的对联。

2. 补充材料。

诗词和对联是中国古代重要的文学形式，两千多年来一直薪火相传，至今仍具有强大的生命力。在古代，自幼童起，就开始这种文学修养的训练。这种训练对声调、音律、格律等都有严格的要求。因此，一些声律方面的著作也应运而生，其中清代车万育所作的《声律启蒙》是其中较有代表性的一种。

《声律启蒙》是训练儿童应对和掌握声韵格律的启蒙读物。按韵分编，包罗天文、地理、花木、鸟兽、人物、器物等的虚实应对。从单字对到双字对，三字对、五字对、七字对到十一字对，声韵协调，朗朗上口，从中可以得到语音、词汇、修辞的训练。

（编写人：浙江省杭州市长寿桥岳帅小学　陈林玉）

第16讲　说话的智慧

——统编教材六年级上册第二单元"语言文字积累与梳理"
　　学习任务群设计

（一）主题的确立

　　统编教材六年级上册第二单元的《语文园地》中的"语句段运用"板块围绕"写人物说话时,可以不用'说'来表达"编排了几个例句,学习用多种形式来替代"说",让表达更生动。除此之外,在教材中也有许多关于指导说话的学习内容（见表1）。根据"语言文字积累与运用"任务群的特点,确定了"说话的智慧"这一学习主题。

表1　教材中指向"说话"的内容

出处	内容
三年级下册第七单元《语文园地》	用类似的开头说话,向别人介绍一种事物。
三年级下册第八单元《口语交际》	运用合适的方法,把故事讲得更吸引人,语气表情有变化,适当运用手势。
四年级上册第四单元第15课的提示语	把过程说清楚、说生动。
五年级上册第六单元《口语交际》	选择恰当的材料支持自己的观点。
六年级上册第二单元《口语交际》	语气、语调适当,姿态大方;利用停顿、重复或动作强调要点,增强表现力。

出处	内容
六年级下册第一单元第1课	体会"京味儿"语言的特点。
六年级下册第二单元《口语交际》	引用原文说明观点，使观点更有说服力。

从生活的角度来看，说话的智慧展现在人们生活的方方面面。说话要关注语言的内涵和表达。古人说话时讲究内涵，常常用巧妙的方式表达自己的心声，而现代人说话时也重视表达的得体和妥帖，这些离不开日常生活中对语言文字的积累和梳理。说话还要关注场合和对象。俗话说："看菜吃饭，量体裁衣。"这是指办事时要看具体情况，要灵活机动，不能拘泥于现成的条文，生搬硬套。说话也是如此。现今社会，人们之间的交流日益频繁，妥帖表达自己的内心感受和他人进行沟通的能力，成为现代社会对人的基本能力要求。

从历史的角度来看，中华文化博大精深，许多文化名人都重视说话的智慧。《周易》中曾记载了孔子说过的一段话："言行，君子之所以动天地，可不慎乎。"《鬼谷子·权篇》则论述了与人谈话的原则："与智者谈话，要以渊博为原则；与拙者谈话，要以强辩为原则；与善辩的人谈话，要以简要为原则。"可见，中华文化中蕴含着很多说话的智慧，比如我们熟悉的歇后语、惯用语这类语言文字现象都值得我们去梳理和积累。

从学习的角度来看，学习说话的智慧是一种关注现实生活场域的情境式学习。"语言文字积累与梳理"既强调词汇和语言现象的积累，也强调梳理与回顾。从一年级开始，我们就在语文学习中教学生如何清楚明白地表达自己的想法，到后来慢慢过渡到有条理、有内涵地表达，因此积累和梳理"说话的智慧"是符合小学阶段语文学习内容的一种有意义学习。

（二）内容的组织

《义务教育语文课程标准（2022年版）》中提到"语言文字积累与梳理"学习任务群时这样表述："本学习任务群旨在引导学生在语文实践活动中，积累语言材料和语言经验；形成良好语感；通过观察、分析、整理，发现汉字的构字组词特点，掌握语言文字运用规范，感受汉字的文化内涵，奠定语文基础。"在"说话的智慧"这一学习主题中,可以让学生在语言实践活动中,积累与说话有关的语言材料和语言经验,掌握语言文字运用规范。而第三学段的"语言文字积累与梳理"任务群包含三个方面的学习内容,和本主题有关的内容是"丰富自己的词汇积累,注意词语的感情色彩"以及"诵读优秀诗文,分主题梳理自己积累的成语典故、格言警句、对联等语言材料,并尝试运用到日常读写活动中,增强表达效果"。

可见,在"说话的智慧"这一学习主题下,我们既要关注说话时词汇的丰富性、不同词语的感情色彩,也要关注说话的内涵,增加语言的表达力。六年级上册第二单元《语文园地》中的"词句段运用"中就编排了这样几个内容:通过词语的重复加强表达效果,用不同的词语代替"说",为"语言文字积累与梳理"任务群的设计提供了学习资源。

二、目标与评价

从学习结果的角度评价学习目标的达成状况,需要对学习目标的达成提出具体的、可观测、可评价的学习要求。

表2 "说话的智慧"单元学习评价单

学习目标	学习评价		
	能力层级1	能力层级2	能力层级3
1. 能把握标点符号在说话中的妙用,读懂和标点符号使用有关的短文;能积累一些谦称和敬称,并有条理地进行梳理;体会言简意赅表达	1. 能自主阅读关于标点符号的短文,明白说话需要根据语气和情境来恰当断句和使用标点。 2. 理解说话时的称呼,积累并搜集一些谦称、敬称,自主选择一个主题进行梳理。	1. 能借助提示,阅读关于标点符号的短文,明白说话需要根据语气和情境来恰当断句和使用标点。 2. 理解说话时的称呼,积累记忆一些谦称、敬称,借助提示对主题进行梳理。	1. 能借助提示,阅读关于标点符号的短文,但无法明白说话需要根据语气和情境来恰当断句和使用标点。 2. 理解说话时的称呼,记忆一些谦称、敬称,无法借助提示对主题进行梳理。

学习目标	学习评价		
	能力层级 1	能力层级 2	能力层级 3
的魅力，能用简洁的语言表述生活中的一件事。	3. 自主读懂出示的阅读材料并对故事内容进行概括，会用简洁的语言表述生活中的一件事。	3. 借助提示读懂出示的阅读材料，并对故事内容进行概括，会用相对简洁的语言表述生活中的一件事。	3. 借助提示读懂出示的阅读材料，并对故事内容进行概括，无法用简洁的语言表述生活中的一件事。
2. 了解反复的修辞手法在说话中的巧用，能够恰当运用反复的修辞手法；能回顾、梳理表示说的词语和惯用语，并进行运用。	1. 能体会反复这种表达方式的好处，能梳理曾经学习过的反复表达，并能够用反复的手法描述一个场景。 2. 能体会例句中写人物说话时不用"说"字表达的方式，能够分类整理、积累表示"说"的词语，并运用在自己的表达中。 3. 回顾学习过的惯用语，能够选择自己喜欢的主题，和同学合作梳理并编写《惯用语手册》，能够在"惯用语交流会"上和同学分享交流。	1. 能体会反复这种表达方式的好处，能梳理曾经学习过的反复表达，并能借助提示用反复的手法描述一个场景。 2. 能体会例句中写人物说话时不用"说"字表达的方式，并能够借助提示分类整理、积累表示"说"的词语，并运用在自己的表达中。 3. 回顾学习过的惯用语，能够根据主题，在老师和同学的帮助下梳理并编写《惯用语手册》，能够试着在"惯用语交流会"上和同学分享交流。	1. 能体会反复这种表达方式的好处，愿意积累曾经学习过的反复表达，但无法用反复的手法描述一个场景。 2. 能体会例句中写人物说话时不用"说"字表达的方式，并能够借助提示分类整理，积累表示"说"的词语，但无法运用在自己的表达中。 3. 回顾学习过的惯用语，能够根据主题，在老师和同学的帮助下参与编写《惯用语手册》，不愿意在"惯用语交流会"上和同学分享交流。

学习目标	学习评价		
	能力层级 1	能力层级 2	能力层级 3
3. 领悟比喻、拟人的修辞手法，能够根据提示恰当地使用修辞手法；能够回顾已经学习过的诗句并进行积累和梳理，愿意在日常表达中恰当运用诗句。	1. 能读懂小古文中对于雪的比喻，恰当地运用比喻的方式描述事物并说一段话。 2. 阅读积累优美的拟人句，能够运用拟人的表达恰当地描述生活中的事物。 3. 能回顾已经学习过的诗句，根据图片、情景选择恰当的诗句填空，并能够运用援引、化用的方式，在日常表达中运用诗句，并能根据给定的主题即兴演讲。	1. 能读懂小古文中对于雪的比喻，借助提示，运用比喻的方式描述事物并说一段话。 2. 阅读积累优美的拟人句，能够借助提示运用拟人的表达描述生活中的事物。 3. 能回顾已经学习过的诗句，根据图片、情景选择恰当的诗句填空，并能够运用援引、化用的方式，在日常表达中运用诗句，并能借助提示根据给定的主题即兴演讲。	1. 能读懂小古文中对于雪的比喻，借助提示，运用比喻的方式描述事物，但无法说一段话。 2. 阅读积累优美的拟人句，但不能运用拟人的表达描述生活中的事物。 3. 能回顾已经学习过的诗句，根据图片、情景选择恰当的诗句填空，并能够运用援引、化用的方式，在日常表达中运用诗句，但不能根据给定的主题即兴演讲。

➡ 三、情境与任务

“说话的智慧”这一学习主题的关键词是“说话”和“智慧”。

在任务设计中创设的主要情境是：小小麦克风养成记。任务一是“说得准确。”首先，我们要把握说话的语气，根据情境和角色，通过恰当使用标点符号来理解说话人的意思。其次，我们要巧用称呼，让自己说出来的话容易被别人接受。最后，我们要学会言简意赅地表达，用简洁的词句清楚表达自己的意思。

第二关要让学生"说得有趣"。从《语文园地二》的"词句段运用"中的"反复"引出,让表达更有力,再引导学生丰富词语积累,能够运用一些通俗易懂又具有比喻义的惯用语,让自己说的话有趣又新鲜。

　　除了要说准确、说有趣,最难的是说得优雅,因此第三关是让学生学习如何把话说得优雅。首先要恰当使用常见的两种修辞:比喻、拟人,还可以在说话中加一些古诗词,让说出来的话内涵丰富。

　　由此,"说话的智慧"学习主题设计了三个前后连贯的学习任务,建构了学习主题统领下的任务单元(见下图)。

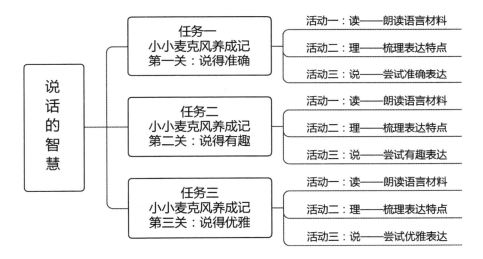

　　为了更好地完成三个学习任务,我们依据"从说话中学习智慧"的实践逻辑,将情境任务作了活动分解,设计了结构化的系列活动。

　　三个任务均从"读""理""说"三个层次展开,首先,出示一系列层层递进的阅读材料,从教材中的例句到经典小古文,再到优美的句群,让学生自主阅读发现。然后引导学生梳理发现这些阅读材料中蕴藏的表达方式或者表达技巧。最后,在实际中尝运用。

　　任务一:说得准确。

　　一是从标点符号入手,让学生体会灵活运用标点能带来妙趣横生的效果,正确使用标点才能准确传达和接受说话人的意思。二是引导学生学会运用恰当的称呼,因为在日常交流中能否正确地使用敬词和谦词,往往体现了一个人文化素养的高低,也代表着这个人是否具有说话的智慧。三是引导学生学习言简意赅地表达自己的意思,并把话说准确,这也是一种说话的智慧。四年级我们就学习过说话时"长话短说""简明扼要"的好处。

任务二:说得有趣。

一是体会反复这种表达方式的好处,让学生体会到反复的手法,可以起到突出和强调的作用,能够更加鲜明地表达情感,使语言富有感染力。二是引导学生体会丰富语言表达的好处,学会用不同的词语表示"说"。三是让学生体会到巧用惯用语能够丰富语言表达,也能增加语言表达的趣味性。

任务三:说得优雅。

一是体会比喻的魅力,能够运用比喻的修辞恰当描述生活中的事物。二是体会拟人丰富语言表达的作用,三是引导学生尝试在语言表达中引用诗句,让语言变得更优雅。

三个学习任务围绕"说话的智慧"这个学习主题,从"读、理、说"三个层次去探究与实践"说话的智慧"。同一任务中的多项学习活动也相互关联、逐层深化,从阅读到比较,从比较到梳理,从梳理到表达,层层递进,真正围绕"说话的智慧"这一学习主题提升学生"语言文字积累与梳理"的能力。

四、活动与建议

(一) 活动设计

任务一 小小麦克风养成记第一关:说得准确

一想到"说话",学生会觉得很简单,因为我们每天都要说很多话,但是要想把话说准确,掌握说话的智慧,并不是一件容易事。

记者是需要具备说话的智慧才能胜任的职业,从这样贴合生活的职业入手,设计情境:要成为一名优秀的小记者,首先就要说得准确、说得恰当,这是掌握说话智慧的第一步。平时说话时要让说出的话更加准确,首先就要读懂别人的话。其次,引导学生体会在开始说话时要审时度势,把握时机,在说话的过程中要注意语气,恰当运用称呼,这些小细节不仅呼应了"说话的智慧"这一主题,而且颇具实用性。

活动一:读——朗读语言材料

"听话"和"说话"是密不可分的两件事,在学习"说话的智慧"时,首先就要学会"听人说话的智慧"。教师引导学生读下列语言材料,读后请学生说说感受。

材料1:

维克多·雨果是法国浪漫主义作家。传说他将自己精心修改过的《悲惨世界》手稿寄出去之后,一直没有回音,便给出版社寄去了只有一个标点符号的信。

"? ——雨果"

出版社很快发出了复信,有趣的是,复信中也只有一个标点符号。

"! ——编辑部"

雨果信中的"?"是对出版情况的询问。而编辑部复信中的"!"则是给雨果的一个惊喜——大作决定发表。

材料2:

一位年轻人平时喜欢写文章,却不擅长与人交流。一天,他带着一份手稿去见一位资深的编辑。不巧,这位编辑生病了,正躺在床上打点滴。

于是,年轻人恭敬地递上手稿,说道:"这是我写的,请您拜读。"

这位编辑接过手稿,幽默地说:"对不起,'拜读'大概难以从命了,我躺着读行不行?"

年轻人听后,赶紧说:"那好吧,等您病好了,我再上门赐教。"

材料3:

欧阳公在翰林时,常与同院出游。有奔马毙犬,公曰:"试书其一事。"一曰:"有犬卧于通衢,逸马蹄而杀之。"一曰:"有马逸于街衢,卧犬遭之而毙。"公曰:"使子修史,万卷未已也。"曰:"内翰云何?"公曰:"逸马杀犬于道。"相与一笑。

——《古今谭概》

活动二：理——梳理表达特点

1. 表达初印象。

阅读材料,尝试用表格汇总小组的观点,对同学们的观点进行分类。

表达初印象

材料	A 同学	B 同学	C 同学	......
材料 1				
材料 2				
材料 3				

2. 表达交流站。

请学生梳理准确表达需要注意的方面,根据材料分别提出理由,有理有据地表达自己的观点。

3. 尝试梳理称呼。

生活中我们与人交流时,常常会用到谦称、敬称或者某种特定的表达,引导学生交流积累关于称呼的内容,并和小组成员选择其中一个主题积累梳理。

4. 尝试简洁表达。

运用表格,梳理"奔马毙犬"事件中三个人描述同一件事情时说的话,比一比每个人的表达有何不同。

"奔马毙犬"事件描述记

序号	原话	翻译
1	有犬卧于通衢,逸马蹄而杀之。	有狗卧在大道上,被奔跑的马用蹄子给踩死了。
2	有马逸于街衢,卧犬遭之而毙。	有一匹马跑过大道,一只狗被它踩死。
3	逸马杀犬于道。	奔跑的马在大道上踩死了狗。

活动三：说——尝试准确表达

1. 我会用标点。

（1）故事引入。慈禧太后文墨不深，但却喜欢附庸风雅。一天，她命一位书法家进宫给纸扇题诗词。这位书法家写的是王之涣的《出塞》。可是他一时疏忽，漏掉了一个"间"字。慈禧大怒，眼看就要喝令左右把书法家给砍了。请你运用标点符号这个武器，帮助这位书法家保住性命吧！

（2）出示材料：

黄河远上白云一片孤城万仞山羌笛何须怨杨柳春风不度玉门关

预设：黄河远上，白云一片，孤城万仞山。羌笛何须怨，杨柳春风，不度玉门关。

（3）小结。

标点符号是语言表达不可缺少的工具，在口头语言中，标点符号不仅是一个个符号，更代表了"气"——各种不同的语气。灵活使用标点不仅可以帮助讲话者准确地表达思想感情，还可以协助听者正确地理解意思。灵活使用标点能收到意想不到的效果，也能帮助学生体会"听人说话需要智慧"。

2. 我会断句。

（1）了解断句：古文中没有标点符号，读的时候需要根据上下文意做出必要的停顿。

（2）请你读读下面这个故事，试着从不同的角色身份出发，为这份遗嘱断句。

有一邓姓老翁得一子取名一非，但习惯上大家都叫这个孩子为邓一。邓翁对一非十分疼爱，怕自己百年之后女婿、外甥和他争夺家产，故特意立下遗嘱："邓一非吾子也家底财产于之女婿外甥不能争夺。"

这个没有标点的遗嘱惹出了麻烦，邓翁死后，女婿、外甥想染指这份家业，请你试着根据不同的角色身份给这份遗嘱加标点，达到不同角色的目的吧。

角色：外甥

目的：和女婿平分家业

断句：_____。

角色：女婿

目的：独吞家业

断句：_____。

角色：邓一非

目的：按照邓翁的本意得到家业

断句：_____。

（3）学生操作演练，教师相机指导，体会标点在文意表达上的重要作用，体会生活中"听人说话的智慧"。

3. 我会用称呼。

（1）尝试找问题。

请你找找问题，小王究竟错在哪里？你能帮他改过来吗？学生修改交流，说明理由。

小王的书出版了，他高高兴兴地拿出一本，题上"小王雅正"四个字之后，便寄给了恩师蒋老师。蒋老师收到书后，看着"小王雅正"四个字，哭笑不得。

（2）巧用称呼。

其实，在日常交流中能否正确地使用敬词和谦词体现了一个人文化素养的高低。请你围绕"接受老师的赠书"来做一次即兴发言，注意要恰当使用谦称和敬称。

4. 我会简洁表达。

交流前面的学习内容，引导学生感受简洁有力表达的魅力。发布任务，让学生试着用简洁的语言描述一件最近发生在自己身上、印象深刻的事。

任务二　小小麦克风养成记第二关：说得有趣

前一个任务中，学生已经初步体会到，掌握说话的智慧首先要说得准确。任务二就是在前一阶段学习上的提升，说话不仅要准确恰当，更要说得有趣、吸引人。

这一任务可以从名言引入，古训曰"忠言逆耳利于行"，但是话丑理正也会带来沟通上的障碍，我们要把"逆耳"之言变得"顺耳"从而"利于行"。让学生真切感受到作为一名小记者,说话要有趣才行,从而更加主动地进入第二个学习任务中。

活动一:读——朗读语言材料

材料1:优美句段。

(1)起初是全场肃静,只听见炮声,只听见国旗和其他许多旗帜飘拂的声音。

(2)那里的天比别处的更可爱,空气是那么清鲜,天空是那么明朗,使我总想高歌一曲,表示我满心的愉快。

材料2:同类句段。

(1)清明节前的一个晚上,我又漫步在广场上,忽然背后传来一声赞叹:"多好啊!"

(2)"我还有作业没完成,不能和你一起去玩了。"我婉言谢绝了伙伴的邀请。

(3)"既然这样,你以后再也不要找我借书了!"话一出口,我就后悔了。

(4)妈妈俯下身子盯着我的眼睛,一脸焦急地问:"你的眼睛怎么肿了?"

材料3:四年级上册第六单元的《语文园地》中的惯用语。

打头阵	挑大梁	占上风	破天荒
栽跟头	敲边鼓	开绿灯	碰钉子

活动二:理——梳理表达特点

1. 找一找,梳理类似表达。

借助示例,引导学生回忆之前阅读过或者学习过的文章中出现的类似反复表达,完成积累梳理和分享交流。

例:这庄严的宣告,这雄伟的声音,使全场三十万人一齐欢呼起来。这庄严的宣告,这雄伟的声音,经过无线电广播,传到长城内外,传到大江南北,使全中国人民的心一齐欢跃起来。

——《开国大典》

2. 找一找,梳理类似句段。

(1)引导学生回忆之前的阅读、学习经历,找到类似不用"说"字来表示"说"的意思的表达,采用小组讨论的方式交流记录。

(2)引导学生回顾积累,把积累到表示"说"的字词分类梳理在学习单中。

与说话有关的词语	与说话时的状态有关的词句	其他
1. 谈论	1. 一脸焦急	
2. 讲解	2. 话一出口,我就后悔了	

3. 理一理,梳理同类词语。

通过课文学习内容的回顾,引出汉语中其他的惯用语,引导学生选择自己喜欢的主题,合作梳理同一类的惯用语,完成《惯用语手册》的制作。

"饮食类"惯用语		
惯用语1:豆芽菜	字面含义:豆类种子培育出的可以食用的芽菜,又长又细。	
	比喻义:形容人的身材又瘦又高。	
	用一用:这小哥儿俩,一个是豆芽菜,一个是小胖墩儿。	
惯用语2:炒冷饭	字面含义:将剩饭在锅中重新加热,不添加任何东西。	
	比喻义:形容做事情重复,没有创新。	
	用一用:这次的海报设计不过是炒冷饭,毫无新意。	

活动三:说——尝试有趣表达

1. 写一写,尝试表达运用。

引导学生仿照例句,用其他的词、句来表示"说",写一个句子或一个段落,和同学交流分享。

2. 说一说,尝试表达运用。

学习了反复的表达方式之后,将能力要求提升,引导学生用反复的方式说一段话,可以自选主题,也可以围绕"运动会开幕"这一主题来说。

3. 说一说,分享学习收获。

总结惯用语的相关内容,引导学生以"惯用语交流会"的主题形式,分享交流各组梳理的惯用语。

任务三　小小麦克风养成记第三关：说得优雅

任务三中要进一步指导说话的内容。我们的祖先很早就很注意语言表达的技巧,例如《诗经》有相关记载："巧言如流,俾躬处休。"引导学生体会优雅表达的重要性,让学生体会到要出口成章,就要巧妙地运用比喻、拟人等方法,并加入恰当的诗句,让自己说的话内容丰富、内涵高雅。

活动一：读——朗读语言材料

材料1:

晋名将谢安,寒雪日内集,与儿女辈讲论文义。俄而雪骤,公欣然曰："白雪纷纷何所似?"兄子胡儿曰："撒盐空中差可拟。"兄女道韫曰："未若柳絮因风起。"公大笑乐。

——《世说新语》

材料2:

人物	原句	比喻
胡儿	撒盐空中差可拟	撒盐空中
道韫	未若柳絮因风起	柳絮纷飞

材料3:优美句段。

(1)春天随着落花走了,夏天披着一身的绿叶儿在暖风里蹦跳着走来了。

——《绿山墙的安妮》

(2)鼹鼠就这样度过了许多无拘无束的日子。夏天像果实一样日渐成熟,白昼越来越长,乐趣也越来越多。他学会了游泳和划船,尝到了流水带来的欢乐。当他把耳朵贴近芦苇,还时常听见风在芦苇间不停地低语。

——《柳林风声》

活动二：理——梳理表达特点

1. 理一理,发现比喻妙招。

（1）抓住事物的特点,然后联想到另一个拥有同样特点的事物。

（2）发挥自己的想象,大胆想象就会有精彩的表达。

2. 理一理,梳理类似的拟人表达。

引导学生回顾拟人句,按主题进行分类梳理。

3. 小锦囊,梳理表达技巧。

（1）引用：将选用的诗句直接摘抄,在表达时直接说出来。

（2）化用：将诗句中的亮点选用在自己的句子中。

例：有一种乡愁叫"举头望明月,低头思故乡"。有一种壮观叫"飞流直下三千尺",有一种情意叫"明月几时有,把酒问青天",有一种淡然叫"采菊东篱下,悠然见南山"。

活动三：说——尝试优雅表达

1. 发挥想象巧表达。

引导学生观察图片发挥想象,思考图片中的这些事物可以联想到其他什么事物,完成学习活动单。

原来的事物	想象到的事物
	金色的手掌 小蚂蚁的金色遮阳伞 秋姑娘发来的金色电报 ……
	松软的棉花糖 胖乎乎的小绵羊 蓬松的小棉被 ……

2. 描述生活趣比喻。

引导学生尝试用一段话描述校园里的景物，要求至少一处使用比喻。

3. 找到联系妙表达。

引导学生找到身边两种事物之间的联系，使用拟人的表达方式赋予它们人的行为动作，想象它们之间可能发生的对话，用恰当、有趣的语言表达出来。

4. 模拟情境试表达。

（1）引导学生回顾小学阶段学习过的印象深刻的古诗词，和同学交流分享，并思考在哪一场合或情境下使用更为恰当。

（2）引导学生回顾自己的诗词储备，尝试将诗句运用到日常表达中。

当你身在异乡思念故乡时，你会吟诵："＿＿＿＿＿＿＿＿＿＿＿＿。"

当你的朋友向你抱怨生活艰难，你会安慰他："＿＿＿＿＿＿＿＿＿＿＿＿。"

5. 运用技巧试练习。

回忆引用诗词的表达技巧，围绕其中的一个主题词说一段话，要求表达的内容丰富而高雅。

 思乡   爱国   亲情   友情

（二）活动建议

1. 语言文字积累与梳理。

（1）分主题积累和梳理生活中的称呼词。

（2）梳理课文中运用反复这一表达方式的句子。

（3）积累不用"说"字表达"说"的意思的词语。比如：赞叹、婉言谢绝、谈论、讲解、窃窃私语等。

（4）积累和梳理生活中的惯用语，积累之前学过的诗句。

2. 课时建议。

任务一：说得准确，3 课时，任务二：说得有趣，3 课时，任务三：说得优雅，3 课时。

3. 学习策略。

（1）图像化策略。图像有助于学生化抽象为直观，具体理解内容。

（2）范例支架策略。提供的学习支架来源于教材、经典篇目、优美句段，能够加深学生对特定修辞手法的理解，丰富自己的语言积累。

（3）生活化策略。"说话的智慧"最关键的是从生活中来，到生活中去。在把握说话语气、恰当选择称呼、言简意赅表达这几个方面都展示生活化的例子，让学生体会准确表达的好处，同时在设计练习时也要注重真实情境下的生活化表达。

➡ 五、资源与运用

练 习 与 测 评

1. 单元练习。

（1）回忆生活中的谦词和敬词。

① 谦词：_____

② 敬词：_____

（2）找出短文中称呼不恰当的地方圈画出来，并说明原因。

小王的书出版了，他高高兴兴地拿出一本，写上"小王雅正"四个字之后，便寄给了恩师蒋老师，蒋老师收到书后，看着"小王雅正"四个字，哭笑不得。

（3）根据情景选择恰当的诗句填空。

当你身在异乡思念故乡时，你会吟诵："_____。"

当你的朋友向你抱怨生活艰难，你会安慰他："_____。"

（4）写人物说话时，可以不用"说"来表达。读句子，想一想，在这些句子中用了哪些字词表示"说"，用笔圈出来。

① 清明节前的一个晚上，我又漫步在广场上，忽然背后传来一声赞叹："多好啊！"

② "我还有作业没完成，不能和你一起去玩了。"我婉言谢绝了伙伴的邀请。

③ "既然这样，你以后再也不要找我借书了！"话一出口，我就后悔了。

④ 妈妈俯下身子盯着我的眼睛，一脸焦急地问："你的眼睛怎么肿了？"

2. 单元测评。

（1）用其他的词、句来表示"说"，写一个句子或一个段落和同学交流分享。

（2）我们之前阅读或学习过的文章中，有哪些地方出现了反复的表达？请你找一找，和同学分享交流。

（3）围绕运动会开幕这一主题，用反复的表达方式说一段话。

（编写人：浙江省杭州市卖鱼桥小学　王铁青　齐婷婷）

图书在版编目（CIP）数据

语言文字积累与梳理 / 吴忠豪，薛法根主编. — 上海：上海教育出版社，2023.11
（小学语文学习任务群课例设计丛书）
ISBN 978-7-5720-2392-7

Ⅰ.①语… Ⅱ.①吴…②薛… Ⅲ.①小学语文课 – 教案(教育) Ⅳ.①G623.202

中国国家版本馆CIP数据核字(2023)第223780号

责任编辑　饶晓敏
封面设计　陆　弦

小学语文学习任务群课例设计丛书
语言文字积累与梳理
吴忠豪　薛法根　主编

出版发行	上海教育出版社有限公司
官　　网	www.seph.com.cn
地　　址	上海市闵行区号景路159弄C座
邮　　编	201101
印　　刷	上海商务联西印刷有限公司
开　　本	700×1000　1/16　印张 15
字　　数	237 千字
版　　次	2024年2月第1版
印　　次	2024年12月第3次印刷
书　　号	ISBN 978-7-5720-2392-7/G·2120
定　　价	68.00 元

如发现质量问题，读者可向本社调换　电话：021-64373213